ALFRED JEPSEN / ROBERT HANHART

UNTERSUCHUNGEN ZUR ISRAELITISCH-JÜDISCHEN CHRONOLOGIE

ALFRED JEPSEN / ROBERT HANHART

UNTERSUCHUNGEN
ZUR
ISRAELITISCH-JÜDISCHEN CHRONOLOGIE

1964

VERLAG ALFRED TÖPELMANN · BERLIN

BEIHEFTE ZUR ZEITSCHRIFT FÜR DIE
ALTTESTAMENTLICHE WISSENSCHAFT
HERAUSGEGEBEN VON GEORG FOHRER

88

INHALT

ALFRED JEPSEN

ZUR CHRONOLOGIE
DER KÖNIGE VON ISRAEL UND JUDA

EINE ÜBERPRÜFUNG

INHALT

VORBEMERKUNG

Im vorigen Jahr erbaten die Herausgeber des SELLIN'schen Kommentarwerkes ein Referat über den gegenwärtigen Stand der alttestamentlichen Chronologie. Dieses Referat sollte die Grundlage für eine Zeittafel schaffen, die allen historischen Bänden des Kommentarwerkes beigegeben werden könnte. Damit war mir die Aufgabe gestellt, Vorschläge für die Gestaltung der Zeittafel und für die in ihr zu befolgende Chronologie zu machen. Da ich mich selbst schon in einer früheren Veröffentlichung für die BEGRICH'sche Chronologie, allerdings mit kleinen Abänderungen, als die beste entschieden hatte[1], stellten sich mir nunmehr bei der Ausarbeitung zwei Fragen:

1. Sind die nach der BEGRICH'schen Arbeit erschienenen Versuche, die Probleme der alttestamentlichen Chronologie zu lösen, methodisch besser fundiert?

2. Wieweit geben neue Funde und Einzelbeobachtungen Anlaß, die BEGRICH'schen Ansätze zu verbessern oder vielmehr zu erhalten?

Der Aufforderung, das Referat in erweiterter Gestalt zu veröffentlichen, komme ich hiermit nach. Es möchte darin deutlich werden, warum ich die Methode BEGRICHS nach wie vor für die beste halte, und warum ich dementsprechend auch die meisten seiner Ansätze beibehalte, an welchen Stellen ich aber andererseits meine, von BEGRICH abgehen zu sollen, um seinem Anliegen noch besser gerecht zu werden. So gliedert sich der folgende Aufsatz in zwei Teile: 1. Eine methodische Auseinandersetzung mit MOWINCKEL, ALBRIGHT, THIELE und SCHEDL; 2. eine Überprüfung der alttestamentlichen Chronologie bis zur Zerstörung Jerusalems. Dabei kann es nicht die Aufgabe sein, alle chronologischen Probleme *ab ovo* neu zu diskutieren, wie es etwa bei BEGRICH geschehen ist. Nur das jeweils wesentliche soll behandelt werden.

---

[1] Vgl. JEPSEN, Die Quellen des Königsbuches, S. 41 ff.

I

BEGRICH ging, im Unterschied von den älteren Versuchen, der Probleme Herr zu werden, aber im Anschluß z. B. an KUGLER und LEVY, davon aus, daß die Tradition aller überlieferten Zahlen, sowohl der Regierungsjahre, wie der Synchronismen richtig und sinnvoll, wenn auch keine ursprüngliche Einheit sei. So sonderte er die verschiedenen Zahlsysteme voneinander, ging ihren Fehlern nach und gewann durch ihren Vergleich den geschichtlichen Sachverhalt. Gewisse Fixpunkte erhielt er dann durch den Vergleich mit den assyrischen Daten, die sich seinem System mühelos einfügten. (Nur die Angabe von Jes 36 1 gab er restlos preis.) Ferner nahm er für die ältere Zeit die Geltung der Vordatierung und einen Jahresanfang im Herbst, für die Spätzeit aber Nachdatierung und Jahresanfang im Frühjahr an; als Übergangszeit vermutete er den Anfang der Assyrerherrschaft im Westen.

Wenn bei aller Anerkennung, die BEGRICH gezollt wurde, doch immer wieder neue Versuche unternommen wurden, ein chronologisches System aufzustellen, so hatte das wohl vor allem folgende Gründe:

1. BEGRICH verankerte die Zahlsysteme in Chroniken, die älter als das Königsbuch seien, die aber sowohl dem Verfasser des Königsbuches selbst, wie auch späteren Redaktoren und Übersetzern noch zur Verfügung gestanden hätten; aus diesen Chroniken seien die verschiedenen Zahlen in den masoretischen Text und in die Übersetzungen gekommen.

2. BEGRICH stellt wohl den Grundsatz auf, daß die Synchronismen ebenso ernst zu nehmen seien, wie die Regierungszahlen; aber in der Praxis erweisen sich bei ihm doch die meisten Synchronismen aus der Zeit nach Jehu als historisch unrichtig, mögen sie auch in ihrem jeweiligen System richtig sein.

Diese beiden Anstöße glaubte ich beseitigen zu können:

1. Die grundsätzlich beobachteten und weithin sicherlich auch richtig rekonstruierten Zahlsysteme sind nicht die Voraussetzung für den Verfasser des Königsbuches, sondern eine Folge, die sich aus den Mißverständnissen der ursprünglich zugrunde liegenden Zahlenüberlieferung ergab.

2. Es ist unschwer möglich, auch die Synchronismen mehr zu ihrem Recht kommen zu lassen und sie als historisch richtig zu erweisen.

Mit dieser Korrektur glaube ich BEGRICHS methodischen Ansatz und weithin auch seine Ergebnisse vertreten zu können. Es ist freilich von vornherein deutlich, daß alle Rekonstruktionen der letzten Sicher-

heit ermangeln; »richtige« Chronologie ergibt sich erst bei eindeutigen
Synchronismen; und zwar müßten es mehrere sein, da die israelitisch-
judäischen Königsreihen in sich mehrdeutig sind. Was man erreichen
kann, ist ein System, das möglichst der Tradition gerecht wird und
sich den sicheren assyrischen und babylonischen Synchronismen einfügt. Im einzelnen bleiben verschiedene Möglichkeiten immer noch
offen. Wichtig erscheinen mir dabei folgende Überlegungen:

1. Ein chronologisches System ist im Altertum nicht weniger als
heute nicht in erster Linie eine Angelegenheit der Historiker, als vielmehr zunächst der Verwaltung, des Rechts und der Wirtschaft. Das
bedeutet aber m. E., daß solchen Systemen, sind sie einmal eingeführt,
eine gewisse Konstanz eigen ist. Mit anderen Worten, einen Wechsel
des Systems sollte man nur annehmen, wenn es unbedingt nötig erscheint. BEGRICH hat m. E. recht, wenn er nur mit einem einmaligen
Übergang vom Herbst- zum Frühjahrsanfang des Jahres und damit
verbunden von der Vordatierung zur Nachdatierung rechnet. Ich
glaube nur, eine gewisse Inkonsequenz bei ihm ausschalten zu sollen
(s. u.).

2. Damit hängt als weitere Voraussetzung für eine sinnvolle Arbeit
an der Chronologie die Annahme zusammen, daß es in Israel eine zu-
verlässige chronologische Überlieferung gegeben hat, und daß diese
uns auch im wesentlichen erhalten ist. Was das erste angeht, so ist
nicht einzusehen, warum es in Israel, mindestens seit der Zeit Salomos,
nicht eine chronologische Tradition gegeben haben sollte, ebenso wie
in Ägypten, Assur und Tyrus. Fraglich kann eher sein, ob das, was
auf uns gekommen ist, echte Tradition darstellt. Wenn aber das, was
sich erhalten hat, richtig verstanden, den Daten der Umwelt sich einfügt, so darf man zunächst doch ohne allzu große Skepsis diesen Traditionen nachgehen.

3. Dann aber ist es sicher methodisch richtig, wenn man Regierungsjahre und Synchronismen in gleicher Weise ernst nimmt. Alle
Versuche, nur die eine Zahlenreihe zugrunde zu legen, sind praktisch
gescheitert, sind aber auch methodisch nicht einsichtig zu machen.
Das bedeutet aber, daß die beiden Zahlenreihen sich gegenseitig korrigieren müssen; und es ist die eigentliche Aufgabe, zu erkennen, welche
Zahl korrekturbedürftig ist. Dabei wird als Richtsatz etwa zu gelten
haben, daß die Korrektur am wahrscheinlichsten ist, die die folgende
Überlieferung ohne weitere Änderung am besten verständlich macht.
Das bedeutet in der Praxis, daß man nur von Fall zu Fall entscheiden
kann, ob die Regierungsjahre nach den Synchronismen, oder umgekehrt diese nach jenen zu verbessern sind.

4. Das schließt freilich ein, daß man nicht von vornherein die
Unfehlbarkeit des masoretischen Textes annimmt. Da das aber nicht
einmal THIELE tut, der die Fehlerhaftigkeit einer ganzen Zahlenreihe

behauptet (vielleicht sogar zu Unrecht!), besteht über den Grundsatz Einigkeit; fraglich kann nur sein, wo sich Fehler in den hebräischen Text eingeschlichen haben.

5. Dabei scheint es dann wichtig zu sein, Kriterien zu entwickeln, nach denen eine chronologische Angabe zu beurteilen ist. Gewiß soll alle Tradition ernst genommen werden; daß auch die Chronik gute Überlieferungen haben kann, ist unbestritten. Trotzdem ist es nicht gleichgültig, ob eine Angabe sich in einem Annalenstück, oder einer Prophetenlegende, in einer »historischen« Notiz, oder in einer »erbaulichen« Betrachtung findet. Es ist daher bei widerstreitenden Überlieferungen auch immer zu fragen, in welchem Zusammenhang sie jeweils auftauchen[2]. Es ist grundsätzlich zu scheiden zwischen »zuverlässiger« Tradition, »korrigierter« Tradition und »zweifelhafter« Tradition; es geht im Grunde darum, die Kriterien für diese Unterscheidung festzustellen.

6. Auch das Verhältnis von Exegese und Chronologie will beachtet sein. Oft spielen gewisse exegetische Überzeugungen bei der Beurteilung der Chronologie eine Rolle. Als Beispiel: Aus Jes 7 glaubt man schließen zu sollen, daß zwischen Jes 6 und 7 ein größerer zeitlicher Abstand anzunehmen sei, da Sche'arjaschub ja immerhin so alt gewesen sein müsse, daß er selbst habe laufen können, und da er seinen Namen erst nach der Berufung bekommen habe. Das erste mag man annehmen, wenn es auch nicht dasteht; aber auch das zweite? Ist es nicht ebenso möglich, daß die Berufung einem Menschen zuteil wurde, der sich schon seine Gedanken über das Schicksal seines Volkes gemacht hat[3]. Jedenfalls scheint es mir ausgeschlossen, aus solchen exegetischen, mehr oder weniger unsicheren Überlegungen chronologische Folgerungen abzuleiten. Grundsätzlich ist die Exegese abhängig von der Chronologie, nicht umgekehrt.

7. Es ist freilich auch vor den umgekehrten Fehlern ebenso zu warnen, aus der Chronologie allzu rasch historische Möglichkeiten zu entwickeln und dann aus der Möglichkeit solcher Schlüsse einen Beweis für die Richtigkeit der Chronologie abzuleiten. Gewiß ist es angebracht, eine aus der Tradition gewonnene Chronologie mit der sonst erreichbaren Überlieferung zu verbinden und daraus Schlüsse zu ziehen; aber die Möglichkeit eines Schlusses kann niemals Beweis sein.

8. Denn der einzig mögliche Beweis für die Richtigkeit eines chronologischen Systems ist der astronomische; und ein solcher ist im Augenblick für das Alte Testament nicht gegeben. So müssen wir uns

---

[2] Vgl. das richtige Anliegen bei Schedl, ZAW 74, 1962, 209, wenn er es auch nicht konsequent anwendet.

[3] Das träfe erst recht zu, wenn Jesaja vor seiner Berufung Tempelnabi gewesen wäre, obgleich Gunneweg gerade das m. E. — widerlegt hat. Vgl. A. H. J. Gunneweg, Mündliche und schriftliche Tradition der vorexilischen Prophetenbücher, 1959, S. 102 ff.

z. Zt. mit einer großen Wahrscheinlichkeit begnügen. Es geht ja auch nur noch um kleine Zeiträume, innerhalb derer die Ansätze heute liegen. Für die Ansetzung der Reichstrennung steht allenfalls die Spanne eines Jahrzehnts zur Verfügung und für die Revolution des Jehu ein Zeitraum von 4 Jahren; für die Spätzeit differieren die Ansätze heute oft nur um ein Jahr. Aber innerhalb dieser Spannen möchten wir doch mit der größtmöglichen Genauigkeit dem wahren Sachverhalt am nächsten kommen.

II

1. Sind damit gewisse Voraussetzungen und Kriterien geklärt, so wird es möglich sein, von hier aus zu einigen nach BEGRICH erschienenen Darstellungen der alttestamentlichen Chronologie Stellung zu nehmen. Schon vorher im Entwurf fertig, erschien 1932 die Arbeit von MOWINCKEL, Die Chronologie der israelitischen und jüdischen Könige. Sie berührt sich in manchen Überlegungen mit BEGRICH, vor allem darin, daß sie den Synchronismen grundsätzlich großen Wert beilegt, ja sogar größeren als den Regierungszahlen. So nimmt sie auch manche von BEGRICHS Beobachtungen auf, etwa schon diese, daß Jerobeam I. nur 21 Jahre regiert hat und daß diese 21 Jahre vom mißglückten Aufstandsversuch ab zu zählen sind.

Wenn MOWINCKEL sich nun doch veranlaßt sah, einen »Beitrag zur Steigerung der Mannigfaltigkeit« (nämlich der chronologischen Versuche) zu geben, so hatte das vor allem wohl drei Gründe (S. 164f.):

a) Die Frage, ob BEGRICH mit seinen Systemen nicht zuviel erklären wollte und ob die Mannigfaltigkeit der Zahlenüberlieferung nicht weithin anders zu verstehen sei. Diese Frage habe ich ebenso gestellt, mit ähnlichem Ergebnis[4].

b) BEGRICH verstößt gegen die chronologische Ordnung des Königsbuchs, das die Könige auf Grund der Quellen, welche immer es gewesen sein mögen, in der Reihenfolge bringt, in der sie den Thron bestiegen. Daher müßten Jotham und Ahas nach Peqach den Thron bestiegen haben, da sie in der Reihenfolge der Könige erst nach diesem auftreten. Bei diesem Argument, das MOWINCKELS Darstellung weithin beherrscht, kann man aber fragen, ob MOWINCKEL den Tatbestand richtig deutet, d. h. ob der Verfasser wirklich das mit seiner Ordnung hat aussagen wollen. Wäre es nicht auch möglich, daß er nach der Thronbesteigung Asarjas zunächst alle die Nachfolger Jerobeams II. hat bringen wollen, die zu Lebzeiten Asarjas König wurden? Dann erst schloß er die Nachkommen Asarjas an, Jotham und Ahas, um dann den König Israels einzuführen, der zu Lebzeiten Ahas' den Thron bestieg. Ebenso hat der Erzähler nach der Einführung Josaphats die Könige Israels gebracht, die zu seinen Lebzeiten König wurden; erst dann kommt Joram von Juda, ohne daß aus dieser literarischen Reihenfolge etwas über die chronologische sich ergäbe.

c) Auch der dritte Haupteinwand scheint mir nicht zuzutreffen. Er zielt darauf, daß BEGRICH »offenbar quellenhafte« Synchronismen beiseiteschiebe. Aber eben das

---

[4] Die Quellen des Königsbuches, S. 40 f.

ist die Frage, ob die angeblich vernachlässigten Synchronismen wirklich quellenhaft und zuverlässig sind. Dazu sind unten noch weitere Bemerkungen zu machen.

Aber auch methodisch scheint mir einiges bedenklich.

a) MOWINCKEL verwendet viel Mühe darauf, aus den historischen Überlieferungen, wie über den Tod Ahabs und die Revolution Jehus und anderen, aber auch aus den assyrischen Angaben konkrete Hinweise zu finden. Leider ist das Ergebnis meist in keiner Weise gesichert; ob BEGRICHS oder MOWINCKELS Darstellung der politischen Verhältnisse, die zum syrisch-ephraimitischen Krieg führten, nun stimmt, jedenfalls ergeben sich nur Möglichkeiten, die keine konkrete chronologische Frage entscheiden können, z.B. hinsichtlich der Revolution Hoseas.

b) Damit hängt es dann zusammen, daß MOWINCKEL weithin versucht und probiert und mit Wahrscheinlichkeiten arbeitet, die aber auch nichts entscheiden. So bin ich auch der Meinung, auf Grund der chronologischen Überlieferung, daß man (gegen BEGRICH) den Tod des Königs Ussia und damit die Berufung Jesajas nicht soweit vom syrisch-ephraimitischen Krieg trennen dürfe; ob der Tod Asarjas nun aber 734 oder 735 oder 736 anzusetzen ist, kann damit nicht entschieden werden. So hat die Liste MOWINCKELS wesentlich Wahrscheinlichkeitswert, will wohl auch nicht mehr beanspruchen.

c) Bedenklich ist wohl auch, daß nicht nur 12 Regierungszahlen geändert werden (ich glaube mit 5 Änderungen auszukommen), sondern auch viele Synchronismen, obgleich sie doch gerade den Ausgangspunkt darstellen. Im ganzen sind 20 Synchronismen falsch, etwa 13 richtig und davon fallen die meisten auf die Anfangsperiode, die in sich am besten überliefert ist.

d) Endlich fehlt wohl gerade bei MOWINCKEL das Kriterium für eine Unterscheidung innerhalb der chronologischen Traditionen. Daß gerade er an einer Form, wie der von II Reg 15 37, nicht Anstoß nimmt, ist zu verwundern; liegt hier nicht eine erbauliche Geschichtsklitterung vor, die von der Annalentradition grundsätzlich zu scheiden ist? Ist eine Prophetenlegende wie II Reg 3 wirklich so zuverlässig, daß man von ihr aus argumentieren dürfte? Das betone ich, gerade weil weiterhin[5] die Gleichzeitigkeit von Joram von Israel mit Josaphat wahrscheinlich werden wird, u. zw. auf Grund der chronologischen Überlieferung. Was oben ausgeführt wurde (S. 7, Ziffer 5), scheint mir gerade im Blick auf MOWINCKEL betont werden zu müssen.

Daß er trotz alledem manche guten Beobachtungen bietet und streckenweise erstaunlich mit BEGRICH zusammenstimmt, wird jeweils noch bemerkt werden[6].

---

[5] S. u. S. 41.

[6] Der Anm. 1 bei C. SCHEDL, VT XII, 1962, S. 88 entnehme ich, daß MOWINCKEL sich nunmehr wesentlich der Chronologie ALBRIGHT's angeschlossen hat (leider ist mir

2. Einen anderen Vorschlag, der weithin Beachtung gefunden hat, hat ALBRIGHT 1945 in einem kurzen Artikel, The Chronology of the Divided Monarchy of Israel, BASOR 100, gemacht, der dann auf Grund neuer Argumente später noch ergänzt wurde[7]. Freilich bleibt ALBRIGHT bei der Beurteilung der von ihm vorgeschlagenen Daten sehr vorsichtig. Nach seiner Meinung sind auch die unsicheren Daten höchstens um 5 Jahre falsch; das einzige ganz sichere Datum ist nach seiner Meinung nur der Fall von Samaria 722/21 (und gerade dieses Datum ist heute wieder bestritten). Aber immerhin zeigt dieser Satz, daß ALBRIGHT im Grunde doch von einer starken Skepsis gegenüber der alttestamentlichen Überlieferung erfüllt ist. Was er geben will, sind eigentlich nur höchstwahrscheinliche Annäherungswerte. Wichtig ist ihm dabei vor allem, daß die Ergebnisse sich in die Umweltsdaten einfügen lassen, oder, was wohl besser seine Methode umschreibt, daß zunächst die im Alten Testament angedeuteten Ereignisse aus der Umwelt chronologisch festgelegt werden und daß dann die alttestamentlichen Daten diesen Ereignissen angepaßt werden.

Das ist an mehreren Beispielen deutlich, etwa an dem Bemühen, die Thronbesteigung Sisaks und seinen Feldzug gegen Palästina festzulegen: »Wenn wir genau wüßten, welches Jahr seiner Regierung dem Feldzug nach Palästina gewidmet war, der in der Bibel auf das 5. Jahr Rehabeams datiert ist, dann wären wir imstande, das Datum seiner Thronbesteigung genau zu bestimmen« (BASOR 130, S. 6f.). Gewiß, es wäre schön, wenn die Regierungszeit Sisaks und das Jahr seines Palästinafeldzugs genau bekannt wären; aber nur wenn sie astronomisch gesichert wären, wie die assyrischen Eponymenlisten, könnten sie helfen. Was bis jetzt bekannt ist, ist viel zu unsicher, als daß von hier aus entschieden werden kann, ob die Reichsteilung in das Jahr 922 oder 926 oder auch 931 gesetzt werden muß.

Denn wenn etwa S. 7f. von der 19. Dynastie aus gerechnet wird, so wird gesagt, ihr Ende sei um 1200, frühestes Datum sei 1204; die 21. Dyn. sei mit 130 Jahren anzusetzen; für die 20. seien 100 Jahre bezeugt und wahrscheinlich 110 Jahre anzunehmen; das Interregnum zwischen 19. und 20. Dyn. könne kaum weniger als 20—25 Jahre umfaßt haben und so käme man von 1200 unter Abzug von 25 + 130 + 110 Jahren auf 935 als Anfang der 22. Dyn., d. h. Sisak habe von 935—915 regiert und das passe zu dem Palästinafeldzug von 918 (wenn die Reichstrennung 922 stattgefunden hat). Aber abgesehen davon, wieviel Annäherungswerte die angeführte Rechnung enthält, — selbst wenn man sie annimmt, aber statt der Endwerte die Mittelwerte einsetzt, d. h. als Ende der 19. Dyn. das Jahr 1202 und als Interregnum nur 23 Jahre, ergäbe sich als

---

NTT 56, 1955 z. Zt. nicht zugänglich); trotzdem ist es wohl nicht überflüssig, die methodischen Bedenken gegen MOWINCKEL noch einmal zusammenzufassen.

[7] W. F. ALBRIGHT, New Light from Egypt on the Chronology and History of Israel and Judah. BASOR 130, 1953.

Zeit Sisaks: 1202 — (23 + 130 + 110) = 939—919 und das würde ausgezeichnet zu BEGRICHS Annahme stimmen, der Feldzug Sisaks habe 922 stattgefunden.

Umgekehrt erreicht ALBRIGHT von Osorkon II. aus, dessen Anfang 860 unangefochten bleiben mag, den Regierungsantritt Sisaks 935 durch die Annahme von Mitregentschaften; man könnte aber auch unter Annahme der bezeugten Jahre vorschlagen:

> Takelot I (23 Jahre): 882—860
> Osorkon I (36 Jahre): 917—832
> Sisak I   (21 Jahre): 937—917,

wobei eine Verschiebung um ein bis zwei Jahre hinauf immer noch möglich wäre. Aber so oder so, eine eindeutige klare Entscheidung über das 5. Jahr Rehabeams ist von hier aus einstweilen nicht möglich.

Über den Versuch von der tyrischen Chronologie her, der nach älterem Vorbild von ROWTON[8] gemacht und von ALBRIGHT als Unterstützung seiner eigenen These sehr begrüßt wurde, hat im Grunde THIELE[9] schon das Nötige gesagt. Denn der Ausgangspunkt, die Gründung Karthagos in Verbindung mit der Königsliste des Menander, ist viel zu unsicher für eine genaue chronologische Auswertung. Die Gründung Karthagos = 7. Jahr Pygmalions wird in der antiken Literatur sehr verschieden angegeben (die von THIELE gemachten Angaben ließen sich noch vermehren). Was man erreichen kann, ist nur eine Vergewisserung darüber, daß die heutige Ansetzung der Reichstrennung und damit des Tempelbaus auch ziemlich mit der antiken Tradition übereinstimmt.

Gehen wir von BEGRICHS Zahl als einer mittleren aus, so fiele der Tempelbau ins Jahr 962; zwischen Tempelbau und dem 7. Jahr Pygmalions liegen 143 Jahre 8 Monate; wir kämen für das 7. Jahr Pygmalions also auf 820, oder 819. Das bedeutet, wir kommen tatsächlich in das Jahrzehnt, in das die Gründung Karthagos meist verlegt wird (zwischen 823 und 813). Pygmalions 47 Jahre reichten dann von 826—780; sein Vorgänger Mattenos hätte von 835—827, 9 Jahre regiert; Badezor 6 Jahre, 841—836; dessen Vater Ittobaal dann von 873—842 und wäre in der Tat Zeitgenosse Omris (878—871) und Ahabs (871—852) gewesen. Ist 862 Hirams 12. Jahr, so hätte er von 973—942 regiert, was sich gut auf die Zeit Davids und Salomos verteilen ließe.

Das heißt, die Angaben des Josephus aus Menander werden in der Tat so ziemlich dem historischen Tatbestand oder besser der historischen Tradition der Antike entsprechen. Da wir aber keinen zuverlässigen Fixpunkt für die tyrische Königsliste haben, würde eine Verschiebung um ein paar Jahre nach oben oder unten durchaus möglich sein und wir gewinnen wieder nicht den Fixpunkt, den wir für die israelitische Chronologie so gern hätten.

Auf ähnlich unsicherem Boden steht die Begründung ALBRIGHTS für die Chronologie Hiskias. Hier ist Ausgangspunkt die Erwähnung

---

[8] BASOR 119, 20f.

[9] VT 4, 188f.

Tirhaqas in Jes 37 9 II Reg 19 9. Da Tirhaqa 690 Mitregent und erst 685 Alleinherrscher geworden ist, muß sich der Bericht in Jes 37 auf einen zweiten Feldzug Sanheribs gegen Hiskia beziehen, in den auch Tirhaqa eingreift. Da Hiskia nach ALBRIGHT 687 stirbt, Sanherib aber 689 mit Babylon beschäftigt ist, müßte dieser Feldzug gegen Juda 688 oder allenfalls 687 stattgefunden haben. Das bedeutet aber, daß Hiskia mindestens bis 687 regiert haben, bzw. daß die Angabe von Jes 36 1 richtig sein muß, wonach Sanherib im 14. Jahr Hiskias gegen ihn gezogen sei. Da die 29 Jahre Hiskias »wohlbezeugt« sind, regiert er von 715 bis 687.

Abgesehen von Jes 36 1 (dazu s. u.) — ist die Angabe über Tirhaqa wirklich so zuverlässig, daß sie zu so weitreichenden Konsequenzen führen muß? Es müssen nun die doch ebenso wohlbezeugten Überlieferungen von der Regierungsdauer Manasses und Ahas geändert werden. Jes 36ff. enthalten Prophetengeschichten, Erzählungen, in denen die Gestalt Jesajas im Mittelpunkt steht. Kann aus der Tatsache, daß der Erzähler in Jes 37 12f. eine Reihe der von den Assyrern im 9. und 8. Jh. zerstörten Städte nennt, nun geschlossen werden, daß es wirklich Tirhaqa war und nicht Schabaka, der Hiskia zu Hilfe kommen wollte?

Es zeigt sich m. E. hier die eigentliche Schwäche der Aufstellungen ALBRIGHTS, daß er nämlich einzelne ihm vertrauensvoll erscheinende Daten aufgreift, um an ihnen die Chronologie aufzuhängen. Das zeigt sich auch in der Behandlung Rehabeams. Um nach II Chr 16 1 Ba'esa bis in das 36. Jahr Asas regieren lassen zu können, wird Rehabeams Zeit auf 8 Jahre verkürzt; freilich um den Preis, daß nicht nur Ahab auf 20 Jahre verkürzt wird, (obgleich die Rücksicht auf die Synchronismen, die BEGRICH und andere zu diesem Vorschlag veranlaßt haben, jetzt völlig fortfällt) und Joram auf 8, sondern auch die 4 Revolutionsjahre zwischen Simri und Omri gestrichen und alle Synchronismen preisgegeben werden. Und dies letzte, obgleich gerade die Zahlen, mit denen die israelitischen Könige auf die judäischen bezogen werden, als besonders zuverlässig gelten. Das kommt nun nur dadurch zum Ausdruck, daß die masoretischen Synchronismen für Joachaz, Joas, Jerobeam, sowie Sacharja, Sallum, Menahem zur Grundlage gemacht werden. Das ist dann freilich bei Joas von Israel nur so möglich, daß sowohl die Regierungsdauer des Joachaz von 17 auf 15, wie die des Joas von Juda von 40 auf 38 verkürzt wird, daß dem Sacharja, trotz der ausdrücklich angeführten 6 Monate, 2 Jahre zugeschrieben werden, wie für Nadab, Ela und Peqachja, und endlich die Regierungszahl Amasjas so verkürzt wird, daß das 39. Jahr seines Nachfolgers mit dem Antrittsjahr Menahems zusammenfällt.

Ist es wirklich methodisch möglich, die israelitischen Synchronismen von Joachaz bis Menahem für zuverlässig anzusehen, aber die von Nadab bis Joram zu ignorieren? Ist es wirklich richtig, die judäischen Synchronismen grundsätzlich abzulehnen, mit dem Hinweis auf die Babylonische Chronik? War das Verhältnis von Juda und Israel nicht doch ein anderes als das Babylons zu Assur und Elam? Diese und noch manche anderen Fragen könnte man stellen (vgl. die Darlegungen von THIELE S. 244ff., die freilich von so anderen Voraussetzungen ausgehen, daß sie ALBRIGHT kaum beeindrucken werden). Wenn ich also fragen soll, ob ALBRIGHT der alttestamentlichen Überlieferung im ganzen besser gerecht wird als BEGRICH, oder ob er seine Ergebnisse auf einem methodisch besseren Weg gewinnt, kann ich diese Frage nur verneinen.

3. Der zweifellos zunächst überraschendste Versuch, das Geheimnis der alttestamentlichen Chronologie zu enträtseln, ist der von THIELE, The Mysterious Numbers of the Hebrew Kings, Chicago 1951[10]. Sein Werk ist zunächst aus einem durchaus verständlichen Anliegen zu verstehen, nämlich die in amerikanischen Bibeln noch immer verbreitete »Biblische Chronologie« zu verdrängen, die noch auf USHER zurückgeht, d. h. auf 1650, die aber immer noch offenbar hoch im Kurs steht, weil es USHER in oft genialer Weise gelungen ist, alle biblischen Aussagen in einem System zu vereinen. Nun ist dieses System heute nicht mehr vertretbar, da es mit den assyrischen Synchronismen nicht in Übereinstimmung zu bringen ist; wer es aber verdrängen will, muß deutlich machen, daß die biblischen Aussagen eine Deutung erfahren können, die mit der Chronologie der Umwelt nicht in Widerspruch steht. Und eben das versucht THIELE, indem er solange es irgend geht, die alttestamentliche Überlieferung ernst nimmt, sie in Übereinstimmung mit den assyrischen Daten zu bringen versucht und deshalb alle Möglichkeiten überlegt, die zu einer Klärung der Tradition führen können. (Daher wohl auch manche langatmigen Ausführungen, wie über die Zuverlässigkeit der assyrischen Chronologie und die Gleichsetzung von Phul und Tiglatpileser III. S. 76ff.) Das sind Grundsätze, die BEGRICH ähnlich formuliert haben könnte; aber er scheint sie mir wesentlich besser angewandt zu haben.

Auch noch in einer andern Hinsicht scheint eine grundsätzliche Übereinstimmung zu bestehen, nämlich darin, daß der masoretische Text nicht immer irrtumslos ist. Offen gibt THIELE es für die 4 Synchronismen in II Reg 17 1 18 1. 9. 10 zu, die nach ihm auf irrtümliche Berechnung späterer Schreiber zurückgehen. Ebenso bei II Chr 16 1, wo THIELE gegen den ausdrücklichen Wortlaut die 36 Jahre auf eine Aera nach der Reichstrennung bezieht. Nicht viel anders wäre es zu

---

[10] Im wesentlichen von THIELES schon früher veröffentlichten Ansätzen abhängig ist P. VAN DER MEER, The Ancient Chronology of Western Asia and Egypt, Leiden 1947, S. 45ff.

beurteilen, wenn Ahas 20 Jahre regiert hätte, statt der ihm zugeschriebenen 16. Auch in den masoretischen Text haben sich jedenfalls, auch nach THIELE, Irrtümer eingeschlichen. Ist das einmal grundsätzlich zugestanden, dann kann nur von Fall zu Fall entschieden werden, ob es richtiger ist, einen Irrtum bzw. eine auf andere Weise vorgenommene Berechnung anzunehmen, oder zu einer höchst unwahrscheinlichen Erklärung zu greifen.

Und hier setzen die Bedenken ein, gewiß nicht nur bei mir; aber die mir bekannten kritischen Äußerungen gehen kaum auf die grundsätzlichen methodischen Fragen ein; viele sind von THIELES Jonglierkunst überzeugt. Und doch kann ich seine Methode kaum anders nennen.

Es ist leider, wenn ich recht sehe, nirgends bei THIELE eine Äußerung zu finden, die etwas über die Herkunft der chronologischen Angaben aussagt, oder über die Niederschrift des Königsbuches überhaupt. Es tauchen nur immer wieder die »Schreiber« auf (z. B. S. 68; 114; 116; 118f.(!); 135f. u. ö.), wobei nicht deutlich ist, ob diese Schreiber Generation für Generation das Königsbuch fortgesetzt niedergeschrieben haben; oder ob diese Schreiber die Hofannalen geführt haben, aus denen der Verfasser des Königsbuches seine Angaben entnommen hätte. Jedenfalls haben diese Schreiber merkwürdig inkonsequente Angaben gemacht.

Einer zählt die 52 Jahre Asarjas vom Anfang der Mitregentschaft bis zu seinem Tode; ein anderer nur die 16 Jahre Jothams als Mitregent mit Asarja, die 4 Jahre eigener Regierung übergeht er; der dritte rechnet nur die 16 Jahre der Alleinherrschaft Ahas, übergeht aber die 4 Jahre der Mitregentschaft, obgleich er schon in dieser Zeit die Macht in Händen hatte; ebenso wie ein weiterer nur die 8 Jahre der Alleinherrschaft Jorams von Juda anführt, aber die 5 Jahre Mitregentschaft übergeht; ein fünfter berechnet den Antritt Jothams nach Jahren Peqachs, die eigentlich Jahre Menahems waren; schon früher waren zwei Schreiber sich nicht einig, ob das Antrittsjahr Ahasjas als das 11. oder als das 12. Jahr Jorams zu bezeichnen sei.

Mit solchen »variations of procedure« (S. 66) glaubt THIELE den Schlüssel gefunden zu haben, um Schwierigkeiten zu beheben; mir scheinen solche »variations« Willkür zu sein, wenn sie als das Werk von verantwortlichen Schreibern angesehen werden sollen, d. h. als echte Überlieferung.

Aber eine Zeitlang haben die Schreiber des Nord- und Südreichs merkwürdig harmonisch gearbeitet; das war, nachdem Jerobeam (nach THIELE) die Vordatierung eingeführt hatte, zugleich mit dem Jahresbeginn im Frühling, während Juda bei der Nachdatierung blieb. Da waren die Schreiber offenbar zur Nichtanerkennung der beiderseitigen Chronologie verpflichtet; jedenfalls taten die Schreiber Judas so, als ob das 19. und 21. Jahr Jerobeams sein 18. und 20. Jahr wäre, und noch 40 Jahre später bezeichneten sie das 5. Jahr Ahabs als sein 4. Die Israeliten aber ließen sich nicht lumpen, sie nannten das 1. Jahr Asas einfach sein 2. und sein 2. das 3. und weiterhin sein 25. und 26., das 26. und 27.; sein 30. und 37. als das 31. und 38. Jahr. Es war eben Krieg zwischen Israel und Juda alle Tage! Aber Scherz beiseite. Eine chronologische Angabe hat den Sinn, ein Ereignis genau, jedenfalls auf ein bestimmtes Jahr festzulegen. Was hat es für einen Sinn, die Zahlen zu ändern? Was THIELE als Parallele anführt, daß etwa ein Engländer einen Dollarbetrag in Pfund umrechne, beweist nichts; denn die Analogie könnte nur sein, daß ein Judäer von einem Ereignis, das im 11. Jahr Omris stattfand, sagt, es sei im 37. Jahr Asas geschehen; zu sagen, es sei das 10. Jahr Omris gewesen, würde nur eine heillose Verwirrung angerichtet haben. Tatsächlich gibt THIELE auch keinen Beweis, abgesehen von dieser irreführenden Parallele. Es war nur gut, daß mit der Einführung der Vordatierung in Juda nach dem Tode Josaphats auch dieser Krieg ein Ende fand.

Für den seit Jerobeam bestehenden Unterschied zwischen Israel (Vordatierung) und Juda (Nachdatierung) versucht THIELE immerhin einen Beweis. Die Listen S. 21 f., aus denen sich der klare Schluß ergeben soll, daß die Könige von Juda nachdatierend rechneten, beweisen nichts, oder höchstens, daß Israel vordatierend gerechnet hat, was unbestritten ist. Denn das erstaunliche Phänomen, daß die Diskrepanz zwischen Juda und Israel ständig um ein Jahr wächst, wenn ein weiterer König von Israel in die Rechnung einbezogen wird, erklärt sich ohne weiteres, weil auf der judäischen Seite immer gleichbleibend Jerobeam, Abia, Asa auftreten, während die Zahl der israelitischen Könige immer um eins wächst. Wie die Judäer gerechnet haben, geht aus dieser Zählung nirgends hervor.

Ebensowenig scheint mir ein Beweis, oder auch nur ein beachtenswerter Hinweis dafür erbracht zu sein, daß Jerobeam das Jahr habe im Frühling beginnen lassen. Daß damals das Jahr in Ägypten im Frühling begann, war kaum ein genügender Grund, einen Jahresanfang im Frühling festzulegen und damit der assyrischen Sitte zu folgen. Wenn einer, dann hatte Jerobeam alle Veranlassung, über das Notwendige hinaus keine Neuerungen einzuführen. Es gibt auch keinen Grund zu diesen Hypothesen, weder zur Einführung eines neuen Kalenders in Israel, mit Frühjahrsanfang und Vordatierung, noch für den Kampf der Schreiber, wenn man die eine Korrektur vornimmt, die Änderung der 22 Jahre Jerobeams in 21 (s. u.). Dann stimmen alle Regierungsjahre und Synchronismen zusammen, unter der Voraussetzung gleichen Jahresanfangs im Herbst und der Vordatierung, und der, daß Jerobeam seine Jahre vom mißglückten Aufstandsversuch ab rechnete (eine Möglichkeit, die THIELE merkwürdigerweise gar nicht in Betracht zieht, obgleich sie ihm manches erleichtert hätte).

Oft hat man THIELE den Vorwurf gemacht, daß er allzu sehr zwischen Vordatierung und Nachdatierung wechsle. Er hat sich dagegen verwahrt mit dem Hinweis darauf, daß er solchen Wechsel für Juda nur zweimal und für Israel gar nur einmal annehme. Grundsätzlich stimmt er insofern mit BEGRICH überein, als beide einen Übergang

von der Vordatierung zur Nachdatierung glauben annehmen zu sollen.
Thiele meint darüber hinaus, daß Juda zunächst bei der älteren Nachdatierung geblieben sei und erst mit der Alleinherrschaft Jorams die
Vordatierung eingeführt habe. Aber eben für eine solche ältere Praxis
Judas fehlt jeder Beweis; was Thiele als solchen anführt, ist nicht
stichhaltig. So wäre nur zu fragen, ob Thiele den Übergang besser
datiert hat, wenn er ihn für beide Staaten auf 798 ansetzt. Er bringt
zwar in seiner Tabelle die Notiz für Juda erst bei dem Jahr 796; aber
er kann die beiden masoretischen Angaben:

  Antritt Joas von Israel   = 37. Jahr Joas von Juda
  Antritt Amasja von Juda = 2. Jahr Joas von Israel

nur so vereinen, daß er annimmt, daß Juda nach dem Ablauf des
37. Jahres des Joas zur Nachdatierung übergegangen sei und das heißt
nach ihm, daß auf ein erstes 37. Jahr ein zweites 37. Jahr gefolgt sei
und daß man den Antritt Joas von Israel nur statt in das 38. Jahr, in
das (2.!) 37. Jahr Joas von Juda verlegt habe. Gleichwohl hat man dem
Joas 40 Jahre zugeschrieben, obwohl er eigentlich nach der neuen
Rechnung nur 39 Jahre habe regieren können. Mir sieht das eher nach
Konfusion als nach Harmonie aus und reicht schwerlich zu der Behauptung hin, daß damals die assyrische Nachdatierung eingeführt
sei, ebensowenig wie ein Hinweis auf die assyrische Hegemonie, die
gerade nach 800 kaum mehr bestand (gegen S. 68). Die Zeit Tiglatpilesers III., für die Begrich den Übergang zur Nachdatierung vermutet hat, ist da sehr viel wahrscheinlicher.

Auch daß manche Synchronismen verständlich werden durch die
These, Israel habe seit Jerobeam sein Jahr im Frühling begonnen,
während Juda bei dem Herbstanfang geblieben sei, will mir nicht ein-
leuchten. Auch hier nur ein Beispiel für Thieles Methode. Auf den
ersten Blick könnte es in der Tat so scheinen, als ob die Synchronismen
für den Antritt Sacharjas, Sallums und Menahems im 38. und 39. Jahr
Asarjas durch den verschiedenen Jahresanfang ihre überraschende
Erklärung fänden.

Nach Thiele reicht das 38. Jahr Asarjas von Herbst 754 bis Herbst 753; in der
Zeit von Frühj. 753 bis Herbst 753 endet Jerobeams II. 41. Jahr und beginnen die
6 Monate Sacharjas. Diese reichen über den Herbst 753 hinaus, also bis ins 39. Jahr
Asarjas, aber enden noch vor dem Nisan 752. In dieser Zeit, vor Nisan 752 fällt nach
Thiele auch die einmonatliche Regierung Sallums. Wenn sie nun vor Nisan 752 endet,
ist der Rest des Jahres das Accessionsjahr Menahems und das Jahr Frühj. 752 bis
Frühj. 751 wäre Menahems erstes Jahr. Tatsächlich erscheint dieses Jahr nun aber als
Accessionsjahr, notwendigerweise, da sonst das 10. Jahr Menahems nicht das 50. Jahr
Asarjas erreicht.

Um die Synchronismen auf der einen Seite zu retten, vergewaltigt
Thiele auf der andern Seite die Überlieferung, indem er einen Zeit-

raum von mehr als 1½ Jahren nur als Accessionsjahr rechnet. Die Monatsangaben für Sacharja und Sallum aber können nur den Sinn haben, deutlich zu machen, daß ein Jahresanfang nicht überschritten wurde.

Ein Bedenken, das häufig geltend gemacht worden ist, betrifft die Annahme der Mitregentschaften. Nun hat auch BEGRICH mit der Möglichkeit gerechnet, daß manche Synchronismen vielleicht von dort her ihre Erklärung finden; er zieht sie bei Josaphat, Joram und Jotham in Betracht. THIELE aber vermutet sie darüber hinaus für Jerobeam II. und Peqach von Israel, sowie für Asarja, Ahas und Manasse. Daß es Mitregentschaften gegeben hat, ist sicher; für Jotham (und Omri) sind sie ausdrücklich bezeugt und so darf man mit dieser Möglichkeit rechnen. Aber warum Joas von Israel bereits in seinem 5. Jahr Jerobeam II. zum Mitregenten gemacht haben soll, ist ebensowenig einzusehen, wie die Mitregentschaft Asarjas seit dem 5. Jahr Amasjas. Auch die Manasses ist nur aus einer (mir sehr unwahrscheinlichen) Chronologie erschlossen worden, ohne jeden Anhalt in der Überlieferung. Und wieder ist die Frage: Ist es methodisch richtig, historische Tatbestände aus der Chronologie zu entwickeln, wenn grundsätzlich die Möglichkeit zugestanden ist, daß auch der masoretische Text sich irren kann?

Auch zum letzten Abschnitt wäre noch vieles zu bemerken; aber da THIELE jetzt selbst zugesteht[11], daß Josias Tod in den Frühsommer 609 zu verlegen ist, müßte dieses Kapitel infolge der sich daraus ergebenden Folgerungen ohnehin neu geschrieben werden (s. u.).

Es wären zu den einzelnen Darlegungen THIELES noch manche Fragezeichen zu machen (daß z. B. der aussatzkranke Asarja in der nordsyrischen Staatenwelt z. Zt. Tiglatpilesers III. eine besondere Rolle gespielt habe, glaube ich weder THIELE noch ALBRIGHT, BASOR 100, S. 21); einiges wird unten noch zur Sprache kommen. Aber das Gesagte mag genügen, um das Urteil zu begründen, daß THIELE seine Ergebnisse z. T. durch unbewiesene Annahmen, oder durch Vergewaltigung der Textaussagen gewinnt, z. T. aber dadurch, daß er »den Schreibern« jede Inkonsequenz zutraut und diese zum System erhebt. Auch wenn man THIELE zugute hält, daß er eine alte, fälschlicherweise immer noch als »die biblische« ausgegebene Chronologie aus dem Sattel heben will, scheint der Weg, den er einschlägt, nicht zu verantworten; er ist systemlos, indem er die Systemlosigkeit zum Prinzip erhebt, und täuscht eine Harmonie vor, wo keine vorhanden ist. Tut man der alttestamentlichen Überlieferung wirklich einen Gefallen, d. h. wird sie als Werk göttlicher Eingebung dadurch glaubhafter, daß man Willkür für eine prästabilierte Harmonie ausgibt?

---

[11] BASOR 143, S. 26.

4. Um noch auf einen kürzlich erschienenen Versuch zur Chronologie einzugehen, sei der Aufsatz von C. SCHEDL[12] kurz besprochen. Er versucht zu einer besseren Lösung zu kommen, einmal durch die Annahme einer vierfachen »Zehnerverschiebung«, dann durch eine neue Deutung der »b^emâlkô-Formel«, bzw. die Annahme eines besonderen »Krönungsjahrs« in Juda.

a) Um von diesem auszugehen, so glaubt SCHEDL die Altersangabe bei den judäischen Königen so verstehen zu sollen, daß das Alter in dem Antrittsjahr angegeben werden soll, das dadurch chronologisch herausgehoben wird. Das heißt, dieses Antrittsjahr zählt in der Reihe der judäischen Könige zumeist nicht mit (im Unterschied zu den Königen Israels); z. B. wenn Salomo 931 stirbt und Rehabeam und Jerobeam ihm folgen, dann zählt Jerobeam das Jahr 931 als sein erstes, Rehabeam aber als das Antrittsjahr und erst 930 als sein erstes Jahr. SCHEDL sieht also in der b^emâlkô-Formel, die nur bei Juda auftaucht, den Beweis für die in Juda übliche Nachdatierung, im Unterschied zu der in Israel üblichen Vordatierung. So weit geht er also für die ältere Zeit mit THIELE konform.

Eine besondere These fügt er für die Spätzeit hinzu, insofern als seit Hiskia »das Krönungsjahr des neuen Herrschers das Todesjahr des Vorgängers vollständig überdeckt, das daher in der Zählung nicht mehr wie bisher aufscheint« (S. 95). Das bedeutet aber, daß das Krönungsjahr außerhalb der Zahl steht und als volles Zwischenjahr eingerechnet werden muß. So ergibt sich ihm (S. 119):

728	Hiskia 0
727—699	Hiskia 29 Jahre
698	Manasse 0
697—643	Manasse 55 Jahre
642	Amon 0
641—640	Amon 2 Jahre
639	Josia 0
638—608	Josia 31 Jahre.

D. h. das müßte sich ergeben; tatsächlich lautet der Schluß bei SCHEDL: Josijah 640—609, weil er anerkennt, daß Josia 609 gefallen ist. Aber dieses Datum kann er von seinem Ausgangspunkt nicht erreichen, ohne etwas zu ändern. Doch dem könnte SCHEDL vielleicht dadurch entgehen, daß er diese ganze Reihe um ein Jahr (dann einschließlich der Regierung Hoseas) hinaufschöbe, also Hiskias Antrittsjahr noch dem 6. Jahr Ahas gleichsetzte. Aber damit sind meine Bedenken nicht erledigt.

---

[12] CLAUS SCHEDL, Textkritische Bemerkungen zu den Synchronismen der Könige von Israel und Juda. VT 12, 1962, S. 88—119.

1. Seit wann wurde das Krönungsjahr als solches benannt? Doch nicht seit dem 1. Nisan? Dann aber mußte dem Vorgänger noch ein 30., 56., 3. Jahr zugeschrieben werden; wo bleibt das? Kann auch ein Jahr in der Jahreszählung so einfach ausfallen?

2. Wie sind die »bᵉmålkô«-Angaben bei Joachaz, Jojakim, Jojachin und Zedekia zu verstehen? Sollte es weitergehen (auch wenn man ohne Grund Joachaz und Jojachin ausließe):

607	Jojakim	0
606—596	Jojakim	11 Jahre
595	Zedekia	0
594—584	Zedekia	11 Jahre?

Warum eigentlich nicht?

3. Ist diese Nachdatierung für das ältere Juda wirklich sicher, d. h. schafft diese These nicht auch wieder Schwierigkeiten? Kommt Amasja im 40. Jahr Joas zur Regierung und das heißt im 2. Jahr Joas von Israel, so wäre bei Vordatierung sein 15. Jahr = dem 16. Jahr Joas, und das heißt, das Antrittsjahr Jerobeams II. wie bezeugt. Bei Nachdatierung aber wäre das 3. Jahr Joas = 1. Jahr Amasjas; und das 16. Jahr Joas = 14. Jahr Amasjas. Oder anders ausgedrückt: Die masoretische Überlieferung rechnet hier mit Vordatierung. Ob wirklich zu Unrecht?

Nicht uninteressant ist wohl auch folgende Zusammenstellung (nach SCHEDL):

Rehabeam	mit	bᵉmålkô	Nachdatierung
Abia	ohne	,,	Vordatierung
Asa	ohne	,,	Nachdatierung
Josaphat	mit	,,	Nachdatierung
Joram	mit	,,	Nachdatierung
Ahasja	mit	,,	Vordatierung?
Athalja	—		Vordatierung
Joas	mit	,,	Vordatierung
Amasja	mit	,,	Nachdatierung
Asarja	mit	,,	Nachdatierung
Jotham	mit	,,	Nachdatierung
Ahas	mit	,,	Nachdatierung

Bei Joram, Asarja und Jotham kommt das Krönungsjahr dabei chronologisch gar nicht in Rechnung, da für alle drei Mitregentschaften angenommen werden.

So scheint mir die von SCHEDL vorgeschlagene Deutung der Formel bᵉmålkô weder haltbar, noch hilfreich zu sein; sei löst keine Probleme, sondern schafft nur neue.

b) Nicht viel anders dürfte es mit den »Zehnerkorrekturen« stehen. Grundsätzlich ist gegen einzelne Korrekturen nichts einzuwenden; BEGRICH hat mit Recht auch solche vorgeschlagen. Aber sie müssen dann zu einem klaren Ergebnis führen. Wie steht es damit bei SCHEDL? Nach der Tabelle (S. 92) beginnt Menahem 753 (= 41. Jahr Jerobeams II.) im 39. Jahr Asarjas als seinem Antrittsjahr; sein 1. Jahr ist also das 40. Jahr Asarjas; d. h. mit Menahem beginnt in Israel die Nachdatierung; warum diese Annahme? Sie hilft bei den Synchronismen doch nicht weiter. Denn wenn Menahem 10 Jahre regiert, ist sein 10. Jahr zugleich das 49. Jahr Asarjas und das Antrittsjahr Peqachjas. Nach MT ist aber das 50. Jahr Asarjas das Antrittsjahr Peqachjas. Man kann nicht einmal den Synchronismus vom Antrittsjahr und das andere Mal ihn vom 1. Jahr verstehen. Die Rechnung ginge nur auf, wenn man Menahem 11 Jahre zuschriebe. Freilich ergäben sich dann neue Schwierigkeiten; es sei denn, daß man diesen Synchronismus deutete: Und Jothams 1. Jahr war das 2. Jahr Pekachs. Bei Hiskia bezieht sich die gleiche Formel wieder nicht auf das Antrittsjahr. Ist es wirklich richtige Exegese, wenn man den gleichen Ausdruck bald so, bald anders auslegt, je nachdem es am besten paßt? (Historisch scheint mir sowohl die Festlegung des 10. Jahres Menahems auf 743 schwierig zu sein, da SCHEDL sich damit von THIELES Deutung der Tiglatpileser-Annalen abhängig macht, wie auch der Antritt Hoseas erst auf 731, was auch kaum mit den Tiglatpileser-Inschriften in Einklang zu bringen ist. Aber diese Argumente liegen auf einer anderen Ebene). Also auch diese Zehnerkorrekturen halten nicht das, was SCHEDL sich von ihnen versprochen hat.

c) Es ist mir auch zweifelhaft, ob SCHEDL mit Recht THIELE gefolgt ist, indem er den Synchronismus

1. Jahr Asarjas = 27. Jahr Jerobeams II.

übernommen hat. Das hat zur Folge, daß dieses 27. Jahr Jerobeams dem 29. Jahr Amasjas gleichgesetzt wird, und dann das 41. Jahr Jerobeams dem 39. Jahr Asarjas. Das heißt, es ergibt sich folgende Ordnung (nach THIELE):

	39. J. Joas	= 1. J. Joas			
0 Amasja =	40. J. Joas	= 2. J. Joas			
1. Amasja		= 3. J. Joas			
3. Amasja		= 5. J. Joas =	1. J. Jerobeam		
5. Amasja = 1. J. Asarja =	7. J. Joas =	3. J. Jerobeam			
14. J. Amasja = 10. J. Asarja = 16. J. Joas = 12. J. Jerobeam					
1. Asarja = 29. Amasja = 25. J. Asarja = 27. J. Jerobeam					
15. Asarja =	39. J. Asarja = 41. J. Jerobeam				

Damit ist zwar der masoretische Synchronismus

15. Amasja = 1. Jerobeam

preisgegeben, dafür aber die Synchronismen

Antritt Asarja = 27. Jerobeam

39. Asarja = 41. Jerobeam = 1. Menahem

anerkannt. Trotzdem bleibt eine große Schwierigkeit. Rechnet man nun das Alter der judäischen Könige aus, ergibt sich (Zahlen nach THIELE):

$$Joas \quad 836 + 7 = 843$$
$$Amasja \quad 797 + 25 = 822$$
$$Asarja \quad 792 + 16 = 808$$
$$Jotham \quad 751 + 25 = 776$$

Diese Rückverschiebung der Regierung Asarjas läßt Amasja mit 14 Jahren Vater werden, Asarja selbst erst mit 32 Jahren; ob das sehr wahrscheinlich ist? Ganz abgesehen davon, daß eine Mitregierung für Jerobeam auch mit keinem Wort angedeutet ist[13].

Gewiß finden sich auch bei SCHEDL noch manche historischen Überlegungen, denen nachzudenken sich lohnt. Aber seine Vorschläge zur Chronologie scheinen mir weder methodisch noch sachlich haltbar und ebenfalls keinen Fortschritt gegenüber BEGRICH zu bringen.

III

Es wäre nun aber nicht im Sinne BEGRICHS, wollte ich es dabei bewenden lassen, die methodischen Schwächen seiner Nachfolger aufzudecken; es sind doch in den mehr als 30 Jahren seit dem Erscheinen seines Werks manche Funde und manche Beobachtungen gemacht worden, die nicht übersehen werden können. So gilt es nun, die Thesen BEGRICHS an Hand der neueren Literatur im einzelnen zu überprüfen.

Es empfiehlt sich wohl, bei der Behandlung der einzelnen Zeitabschnitte mit der letzten Zeit Judas anzufangen, um so mehr, als wir für diese Zeit immerhin einige genaue Angaben haben.

Da ist einmal der 2. Adar im 7. Jahr Nebukadnezars gleich 16. 3. 597, an dem Jerusalem zum ersten Mal erobert wurde[14]. Leider ist damit noch nicht eindeutig entschieden, ob dieses Datum auch das Ende der Regierung Jojachins bedeutet. Es wird auch mit der Möglichkeit gerechnet, daß Jojachin über den 1. Nisan hinaus noch König gewesen sei; aber wesentlich, um die Übereinstimmung mit anderen angeblich sicheren Daten zu erreichen. Doch wenn der Chronist ausdrücklich berichtet, Nebukadnezar habe den König abgesetzt und einen anderen nach seinem Herzen eingesetzt, dann ist die nächstliegende Annahme doch wohl, daß das alsbald geschehen ist und nicht erst nach einer längeren Überlegung.

Da schon für Jojakim die Nachdatierung bezeugt ist (Jer 26 1), müssen wir sie für Jojachin auch annehmen, d. h. sein erstes Jahr hätte

---

[13] Eine analoge Überlegung hätte SCHEDL davor bewahren können, das Alter Rehabeams bei seiner Thronbesteigung anzuzweifeln. War Rehabeam bei Regierungsantritt 931 24 Jahre alt (S. 93, Anm. 2), ist er 955 geboren; sein Urenkel Josaphat 871 35 Jahre alt, ist also 906 geboren; es bleiben für jede Generation 16 Jahre; Asa 922 geboren, Abia 938; ist das wahrscheinlich? (Dazu s. u.).

[14] Vgl. WISEMAN, Chronicles of Chaldaean Kings (626—556 B. C.).

mit dem auf seinen Regierungsantritt folgenden Jahresanfang begonnen und das heißt mit dem 1. Nisan 597. Jedenfalls lassen sich die
mit seiner Ära rechnenden Daten kaum anders verstehen. Das gilt
zunächst von dem jüngsten Datum dieser Art, dem 37. Jahr der Verbannung Jojachins (II Reg 25 27 Jer 52 31). Dieses Jahr wird
gleichgesetzt dem מלכו שנת (II Reg) oder dem שנת מלכתו (Jer 52)
Amel-Marduks. Was ist mit diesem Jahr gemeint? C. SCHEDL hat das
Verdienst, auf die Bedeutung dieser Angabe und das textkritische
Problem erneut hingewiesen zu haben[15].

Freilich läßt sich seine These, es sei das 2. Jahr Amel-Marduks gemeint, nicht
halten. Denn erstens gilt die Regel, daß die assyrischen Könige in ihrem 2. Jahr das
Eponymat übernahmen, für die Spätzeit nicht mehr; 2. haben die babylonischen Könige
nicht das assyrische System der Eponymen übernommen; seit der Kassitenzeit wird
nach den Regierungsjahren der Könige datiert; und 3. scheitert das 2. Jahr Amel-
Marduks daran, daß die Begnadigung dann nach seinem Tode erfolgt sein müßte, da
sie im 12. Monat stattfand, Amel-Marduk aber schon zwischen dem 7. und 13. August
ermordet wurde.

Aber die Frage hat SCHEDL wieder richtig gestellt, welches Jahr
eigentlich gemeint ist und ob beide Lesarten das gleiche bedeuten,
bzw. welche die richtige ist. Es ist in der Tat wohl nicht so selbstverständlich, wie es noch bei BEGRICH erscheint, daß das Jahr des Regierungsantritts gemeint sein müsse; zum mindesten ließe die Jer.-Lesart
בשנת מלכתו die Deutung auf das erste als das einzige Jahr seines
Königtums zu, während man בשנת מלכו in der Tat eher als Jahr
des Regierungsantritts verstehen würde. Welche Lesart, bzw. welche
Deutung ist also im Recht?
    Ist das 37. Jahr Jojachins dem ersten und einzigen vollen Regie-
rungsjahr Amel-Marduks gleichzusetzen, d. h. dem Jahr Nisan 561 bis
560, dann wäre als 1. Jahr der Verbannung Jojachins das Jahr Nisan
597—596 anzunehmen. Das entspräche dem eben gezogenen Schluß,
wonach die Jahre Jojachins als die eines legitimen Herrschers von dem
auf seinen Regierungsantritt folgenden 1. Nisan an gerechnet wurden.
Darauf könnte auch die Angabe II Reg 24 12 führen, die besagt, daß
Nebukadnezar in seinem 8. Jahr Jojachin gefangen gesetzt habe. Denn
damit wäre die Gleichung gegeben:
    8. J. Nebukadnezar = 1. Jahr der Gefangenschaft Jojachins.
    Wäre dagegen das 37. Jahr Jojachins dem Antrittsjahr Amel-
Marduk gleichzusetzen, also 562/1, so wäre sein erstes das Jahr 598/7,
das Jahr seines Regierungsantritts. Das ist auch nicht von vornherein
ausgeschlossen, aber doch wohl weniger wahrscheinlich; denn es wäre
merkwürdig, wenn das 11. Jahr Jojakims, an dessen Ende Jojachin

---

[15] Vgl. aber schon früher LEVY, Forschungen, S. 25, 3 und die doch wohl un
berechtigte Ablehnung BEGRICHS S. 61, 1.

gefangen wurde, schon als das 1. Jahr seiner Verbannung gezählt worden wäre.

Auch Ezechiel benutzt wohl durchweg die gleiche Ära (1 1 dürfte ein Fehler vorliegen); die überlieferten Daten reichen vom 5. bis zum 27. Jahr, bezeichnet als Jahre לגלות המלך יויכין (1 2) oder לגלותנו (33 21 40 1). Wenn ich recht sehe, läßt nur das letzte Datum vom 27. Jahr eine genauere Festlegung zu. Gleichgültig, wann und von wem dieser Nachtrag eingefügt wurde, wenn dieser Spruch auf das 27. Jahr datiert wurde, mußte vorausgesetzt werden, daß am 1. 1. des 27. Jahres Tyrus bereits erobert war. Tyrus ist aber im 33. Jahr Nebukadnezars, d. h. im Jahr 572 erobert worden[16]. Daher kann das 27. Jahr erst am 1. Nisan 571 beginnen. Wir werden damit wieder auf das Jahr 597 als das erste Jahr der Verbannung Jojachins geführt. Die andere eben erwogene Möglichkeit, das 37. Jahr Jojachins in das Antrittsjahr Amel-Marduks zu verlegen, scheidet damit wohl aus.

Auch die übrigen bei Ezechiel auftretenden Daten sind von dem Jahr 597 als dem 1. Jahr der Verbannung Jojachins aus verständlich. Änderungsvorschläge ergeben sich nicht aus dem Zweifel gegenüber dieser Ära, sondern aus dem Verhältnis zu dem jeweils angenommenen Datum der 2. Eroberung Jerusalems.

Damit wäre die Ära Jojachins festgelegt.
Regierung etwa Dez. 598 bis März 597
  1. Jahr der Verbannung: 1. Nisan 597 — 1. Nisan 596
27. Jahr der Verbannung   571 —   570
37. Jahr der Verbannung   561 —   560

Leider ist damit noch nichts endgültiges über die Jahre Zedekias und die Zerstörung Jerusalems ausgesagt. Zwei Aussagen bei Ezechiel könnten Hinweise geben: a) Die Angabe Ez 40 1; danach ist das 25. Jahr der Verbannung das 14. Jahr, n a c h d e m die Stadt geschlagen wurde אחר אשר הכתה העיר[17]. Dann wäre das 12. Jahr der Verbannung gleich dem 1. Jahr nach der Zerstörung; diese müßte also in das 11. Jahr der Verbannung fallen, d. h. in das Jahr 587/6[18]. — b) Die Angabe Ez 24 1, wonach Ezechiel am 10. 10. des 9. Jahres die Mitteilung empfängt, die Belagerung Jerusalems habe begonnen; das-

---

[16] UNGER, ZAW 44, 1926, S. 316.

[17] Mit dieser Übersetzung hat SCHEDL durchaus recht (ZAW 74, 1962, S. 212); aber da er die Ära Jojachins ein Jahr zu spät ansetzt, beweist er damit im Grunde das Gegenteil von dem, was er beweisen will, daß nämlich 586/5 das Jahr n a c h der Zerstörung sein muß.

[18] KUTSCH, ZAW 71, 1959, S. 273f., dem ich sonst nur zustimmen kann, dürfte bei der Auslegung von Ez 40 1 das אחר אשר doch mißdeutet haben; richtig GALLING bei FOHRER, Ezechiel, z. St.

selbe Ereignis wird II Reg 25 1 in das 9. Jahr Zedekias verlegt[19]; das heißt aber, daß zwei Schreiber das 9. Jahr Jojachins und das 9. Jahr Zedekias für identisch gehalten haben; wirklich ohne Grund? Damit ergäbe sich wieder das Jahr 587 als Jahr der Zerstörung.

Aber ganz so einfach liegen die Dinge nicht. Es scheint doch Argumente zu geben, die viel eher für das Jahr 586 als Jahr der Zerstörung sprechen. Und so wird man einstweilen, so lange nicht auch für die Zerstörung Jerusalems ein urkundlicher Beleg vorliegt, nichts anderes tun können, als das Für und Wider so gut wie möglich abzuwägen.

Wenn die Anzahl der Königsjahre überliefert wird, geschieht das nicht nur um der geschichtlichen Tradition willen, sondern hat auch einen chronologischen Sinn. Dieser aber wird grundsätzlich nur dann erreicht, wenn die Königsjahre aneinander anschließen, oder Interregna angedeutet werden; vgl. etwa den Ptolemäischen Kanon; jedenfalls müssen alle Jahre irgendwie erfaßt sein. Das bedeutet aber, daß bis zum Erweis des Gegenteils angenommen werden muß, daß die 11 Jahre Zedekias ebenso an die 11 Jahre Jojakims anschließen, wie diese an die 31 Jahre Josias. Wenn Joachaz und Jojachin ausdrücklich je 3 Monate zugeschrieben werden, so eben deshalb, weil ihnen kein volles Jahr zugeteilt werden konnte; diese Monate fallen in das 31. Jahr Josias, bzw. in das 11. Jahr Jojakims. Wenn das 11. Jahr Jojakims in das 7. Nebukadnezars fällt, und das steht fest, dann ist das 8. Jahr Nebukadnezars gleich dem 1. Jahr Zedekias. Die Eroberung Jerusalems fiele dann in dessen 11. Jahr = 587/6.

Auch von der Babylonischen Chronik her lassen sich gegen diese Rechnung keine Einwendungen erheben. Daß Jojachin über den 1. Nisan hinaus König gewesen sei, ist durch nichts angedeutet und *petitio principii*, um das Jahr 586 festhalten zu können. Auch müßte dann Jojachin ein Jahr zugerechnet werden, da sonst das Jahr 597/6 in der Reihe der Jahre zwischen den 11 Jahren Jojakims und den 11 Jahren Zedekias ausfiele.

Wie lange die Vorbereitungen zur Tributzahlung und zur Deportation gedauert haben mögen, ist chronologisch unwichtig; wichtig ist nur, wann Zedekia König geworden ist. Und da wird der Text der Chronik am besten verständlich, wenn das alsbald geschehen ist, nachdem Jojachin sich ergeben hat. Der Adar 597 ist dann der »Anfang der Regierung« Zedekias; über die Länge des »Anfangsjahres« ist nirgends etwas gesagt; daß es ein ganzes Jahr umfaßt haben sollte, ist zum mindesten unwahrscheinlich.

---

[19] Vogt, VT Suppl. IV, 1957, S. 96 Anm. 2 ist dieser Tatbestand auffallend, da er nicht zu seiner Chronologie paßt; Fohrer, Ezechiel, S. 139 nimmt an, das Datum in II Reg 25 sei von Ezechiel abhängig.

So scheinen die verschiedenen Angaben doch alle auf das gleiche Ergebnis zu führen, abgesehen von einer Überlieferungsreihe, die auf ein anderes Jahr der Zerstörung Jerusalems führt.

Da ist zunächst Jer 52 5. 12; hier fällt die Zerstörung, die nach v. 5 im 11. Jahr Zedekias beginnt, nach v. 12 in das 19. Jahr Nebukadnezars. Ist diese Gleichung

11. Jahr Zedekias = 19. Jahr Nebukadnezars

richtig, dann auch die von Jer 32 1:

10. Jahr Zedekias = 18. Jahr Nebukadnezars;

dann ist aber auch nach Jer 25 1:

4. Jahr Jojakims = 1. Jahr Nebukadnezars,

was freilich voraussetzt, daß die 11 Jahre Zedekias unmittelbar an die 11 Jahre Jojakims anschließen (השנה הראשנית ist doch wohl vom 1. Jahr zu verstehen, vgl. BEGRICH und NOTH). Es sind also drei Angaben des Jeremiabuches, die eine eigene Chronologie vertreten (II Reg 25 8 könnte von Jer 52 an diesem Punkt abhängig sein; zu II Reg 24 12 s. o.). Man könnte sie, wie ALBRIGHT und NOTH, als aus einer syrischen Chronologie heraus entstanden erklären; man hätte dann das Anfangsjahr Nebukadnezars als sein erstes gezählt usf. Es wäre aber auch zu prüfen, ähnlich wie SCHEDL es für Jer 52 28-30 fordert, welches »genus litterarium« in Jer 25 und 32 eigentlich vorliegt. Gehören diese Kapitel etwa zu den spätest redigierten?[20] Und sind diese Angaben als zuverlässig anzusehen? Zu Jer 52 12 könnte man auch fragen, warum dieser Hinweis auf das 19. Jahr Nebukadnezars erst hier, so spät auftaucht und nicht schon vorher als Synchronismus zu Zedekias elftem Jahr. In II Reg 25 läge dann eine Eintragung aus dem Jeremiabuch vor. Jedenfalls scheint mir die Quellenlage nicht so eindeutig zu sein, daß man von dieser Chronologie ausgehen dürfte.

Der Versuch, einen Ausgleich dadurch herbeizuführen, daß man für Juda Herbstanfang, für die babylonischen Jahre aber Frühlingsanfang des Jahres annimmt, scheint mir nicht möglich; vgl. BEGRICH und NOTH. Die Zählung der Monate (Jer 36) und die einfache Gleichsetzung der babylonischen und judäischen Jahre führt doch eindeutig auf den Jahresbeginn im Frühjahr.

Von Ez 33 21 aus läßt sich nicht mit Sicherheit argumentieren, da die Textüberlieferung sehr schwankt[21]. Im übrigen wäre es wohl auch methodisch falsch, von einem unsicheren Text auszugehen. Ein solcher

---

[20] Vgl. AUERBACH, VT IX, 1959, S. 115, der zwar Jer 25 1 für »in Ordnung« hält, aber v. 2 ff. aus »einer viel späteren Epoche (etwa der Esras)« herleitet. Müßte das nicht auch für v. 1 gelten? Und was soll dieser Vers ohne seine Fortsetzung?

[21] Selbst SCHEDL zieht das 11. Jahr vor.

muß vielmehr von der sonstigen Überlieferung her verstanden und emendiert werden[22].

Es ergäbe sich folgende Jahresreihe[23]:

1. Nisan 608 = Nabopolassar 18 = Jojakim 1
   605 = Nebukadnezar Anf. = Jojakim 4

604 = Nebukadnezar 1 = Jojakim 5
601 = Nebukadnezar 4 = Jojakim 8
598 = Nebukadnezar 7 = Jojakim 11

597 = Nebukadnezar 8 = 1. J. d. Verbann. Jojachins = 1. Zedekia

596 = Nebukadnezar 9 = 2. Verbannungsj. = 2. Zedekia
595 = Nebukadnezar 10 = 3. Verbannungsj. = 3. Zedekia
594 = Nebukadnezar 11 = 4. Verbannungsj. = 4. Zedekia
593 = Nebukadnezar 12 = 5. Verbannungsj. = 5. Zedekia
592 = Nebukadnezar 13 = 6. Verbannungsj. = 6. Zedekia
591 = Nebukadnezar 14 = 7. Verbannungsj. = 7. Zedekia
589 = Nebukadnezar 16 = 9. Verbannungsj. = 9. Zedekia
588 = Nebukadnezar 17 = 10. Verbannungsj. = 10. Zedekia

587 = Nebukadnezar 18 = 11. Verbannungsj. = 11. Zedekia
586 = Nebukadnezar 19 = 12. Verbannungsj. = 1. J. n. d. Zerstör.

585 = Nebukadnezar 20 = 13. Verbannungsj. = 2. J. n. d. Zerstör.
582 = Nebukadnezar 23 = 16. Verbannungsj. = 5. J. n. d. Zerstör.
573 = Nebukadnezar 32 = 25. Verbannungsj. = 14. J. n. d. Zerstör.
572 = Nebukadnezar 33 = 26. Verbannungsj.
571 = Nebukadnezar 34 = 27. Verbannungsj.
562 = Nebukadnezar 43 = 36. Verbannungsj.
561 = Amel-Marduk 1 = 37. Verbannungsj.

Von der ägyptischen Chronologie ergeben sich keine Einwände, da sich nicht erkennen läßt, welcher König Ägyptens jeweils an den Verschwörungen gegen Babylon beteiligt war. Psammetich II., der zwischen dem 4. 5. und 23. 11. 594 Pharao wurde, scheint im 4. Jahr Zedekias, 594/3 seine Hand im Spiel gehabt zu haben. Sein Nachfolger Hophra, Pharao seit 8. 2. 588, hat wohl etwas überstürzt alsbald in den Kampf gegen Nebukadnezar eingegriffen, sich aber dann zurückgezogen; daher wohl die Worte gegen ihn, Jer 44 und Ezechiel.

Erfahren so die Daten vom 16. 3. 597 abwärts ihre Klärung, fast genau so, wie sie auch BEGRICH schon gewonnen hatte, so wohl auch

---

[22] Vgl. zum Ganzen die Darlegung von NOTH, ZDPV 74, S. 150—155, der ich im wesentlichen zustimmen kann. Nur frage ich mich, ob II Reg 24 12 nicht doch anders zu beurteilen ist, als die Stellen aus dem Jeremiabuch.

[23] 587 als Jahr der Zerstörung Jerusalems ist auch schon ausführlich begründet bei KUGLER und übernommen von BEGRICH, MOWINCKEL, ALBRIGHT (zuletzte BASOR 143, 32), NOTH, KUTSCH u. a.

die vorangehenden, wenn auch die Deutung noch auseinandergeht. Zwei Daten sind wohl allgemein anerkannt:

1. Die erste Eroberung Jerusalems, die auch noch in das 11. Jahr Jojakims fällt.
2. Der Tod Josias im Frühsommer 609, in seinem 31. Jahr (jetzt auch von THIELE anerkannt)[24].

Fraglich ist der Anschluß Jojakims an Josia, ob sein erstes Jahr im Frühjahr 608 oder im Herbst 609 bzw. Herbst 608 begonnen hat. Auch hier verweise ich auf die Darlegungen von NOTH und KUTSCH. Begänne das 1. Jahr im Herbst 609, wäre das Jahr Herbst 598/7 sein 12. Jahr; begänne es im Herbst 608, fiele also sein Antrittsjahr in das Jahr Herbst 609/8, müßte Josia so spät im Sommer gefallen sein, daß die 3 Monate des Joachaz über den Jahresanfang hinwegreichten. Aber dann müßte diesem ein Regierungsjahr zugeschrieben sein; außerdem fällt der Tod Josias so früh, daß die drei Monate des Joachaz auch noch vor einem Herbstneujahr zu Ende gewesen sein müssen. Es bleibt nur die eine Lösung, daß das Jahr im Nisan begann; der Anfang der Regierung Jojakims liegt dann vom Spätsommer 609 bis Nisan 608; sein »erstes« Jahr reicht von Nisan 608—607; sein elftes beginnt Nisan 598; er stirbt im 8. Monat; Jojachin herrscht vom 9.—11. Monat; Zedekia im 12. = Anfang Zedekias. Dann fällt Jer 26 in den »Anfang« Jojakims, zwischen Sommer 609 und Frühjahr 608. Das 4. Jahr Jojakims ist der »Anfang« Nebukadnezars, Jojakims 5. Jahr — Nebukadnezars erstes, sein 11. Jahr gleich dem 7. Jahr Nebukadnezars, wie es die Babylonische Chronik voraussetzt.

Gegen diese Chronologie hat E. AUERBACH[25] Einspruch erhoben. Er läßt freilich auch das 11. Jahr Jojakims mit dem 1. Nisan 598 beginnen; aber da er von der Voraussetzung ausgeht, zu Beginn der Regierung Jojakims habe in Juda noch der Herbstanfang des Jahres gegolten, muß er den Übergang von der einen zur andern Rechnungsweise in die Regierung Jojakims verlegen, und tut das so, daß er das 5. Jahr Jojakims 17 Monate dauern läßt, vom 1. Heswan 605 bis 1. Nisan 603. Ist das richtig?

1. Die Voraussetzung, zur Zeit Josias habe noch der Herbstanfang des Jahres gegolten, ist zweifelhaft: Sie beruht auf der These, daß der Bericht II Reg 22 3—23 24 eine literarische und historische Einheit sei. OESTERREICHERS Beobachtung aber, daß ein Auffindungsbericht und ein Reformbericht zu unterscheiden sind[26], ist m. W. nicht widerlegt. Damit aber stellt sich auch die historische Frage neu; es ist nicht mehr selbstverständlich, daß die erzählte Reform als ganze zwischen die Auffindung des Gesetzbuches und die Feier des Passafestes fallen müßte. Vielmehr schließt II Reg 23 21 un-

---

[24] BASOR 143, S. 26.

[25] E. AUERBACH, Der Wechsel des Jahres-Anfangs in Juda im Lichte der neugefundenen Babylonischen Chronik, VT IX, 1959, S. 113—121.

[26] OESTERREICHER, Das deuteronomische Grundgesetz, S. 13 f.

mittelbar an 23 3 an; und dann scheint es mir nicht schwer, das Erzählte im Zeitraum von 14 Tagen unterzubringen. Jedenfalls ergibt sich keine Nötigung, von hier aus die Gültigkeit des Herbstanfangs zu behaupten; damit aber auch nicht die Notwendigkeit, eine Änderung in den Verlauf der Regierung Jojakims zu verlegen[27].

2. Der vorgeschlagene Modus, ein 5. Jahr auf 17 Monate zu verlängern, also 5 Monate doppelt zu zählen, scheint doch sehr unwahrscheinlich und bedürfte einer stärkeren Begründung. Was AUERBACH anführt, beruht auf unbeweisbaren Prämissen. Es gibt genug Beispiele dafür, daß selbstherrliche Potentaten erst im letzten Augenblick das Notwendige einsehen und manche auch dann noch nicht. Konnte der historische Ablauf nicht auch so gewesen sein (vgl. VOGT), daß Jojakim sich im Sommer 604 noch nicht unterwarf, daß er auch zu Beginn des Kislev 604 sich noch sicher fühlte, im Vertrauen auf die Widerstandskraft Askalons, vielleicht auch auf eine Hilfe Ägyptens, und daß er daher die Warnungen Jeremias mißachtete, bis er dann nach dem Fall Askalons doch noch die Konsequenz zog und sich im letzten Augenblick unterwarf? Er hätte dann 603, 602 und 601 seinen Tribut gezahlt und hätte ihn 600, nach der Niederlage Nebukadnezars, eingestellt. Gewiß, kann man sagen, auch eine Konstruktion; aber immerhin eine, die nicht eine so unwahrscheinliche Annahme zu Hilfe zu nehmen braucht. Natürlich ist irgendwann der Übergang von dem einen System zum andern erfolgt. In alter Zeit rechneten Juda und Israel mit einem Jahresanfang im Herbst und mit Vordatierung[28], am Ende der Geschichte Judas finden wir Jahresanfang im Frühjahr und Nachdatierung; wann ist der Übergang erfolgt?

Für Jojakim ist ein »Anfang der Regierung« bezeugt, ähnlich wie für Zedekia. Jojakim ist vom Ägypterkönig eingesetzt; es ist wenig wahrscheinlich, daß gerade er diese assyrisch-babylonische Sitte der Nachdatierung eingeführt haben sollte. D. h. sie dürfte schon in der Zeit Josias geherrscht haben und damit in die assyrische Zeit zurückreichen. Der Übergang von der Vordatierung zur Nachdatierung dürfte also nicht erst eine Folge babylonischer, sondern bereits assyrischer Herrschaft gewesen sein. Sollte das gleiche nicht auch vom Jahresbeginn gelten? Fällt der Bericht II Reg 22—23 fort, so haben wir, sehe ich recht, keine eindeutigen Beweise für den Jahresanfang im Herbst in dieser Zeit. Der Jahresbeginn im Frühjahr dürfte daher auch bereits Folge assyrischer Vorherrschaft sein.

Dann aber ist zu vermuten, daß diese neue Rechnung schon einsetzte, als Israel und Juda assyrische Vasallenstaaten wurden. Da der Übergang praktisch dann am ehesten bei einem Regierungswechsel möglich war, ist dieser Übergang am besten bei dem Nachfolger des Königs anzusetzen, der assyrischer Vasall wurde, d. h. bei dem Nachfolger Menahems einerseits und bei dem Nachfolger des Ahas andrerseits. Es wird später zu prüfen sein, ob diese Vermutung sich als richtig erweist.

---

[27] Vgl. dazu jetzt JEPSEN, Baumgärtel-Festschrift, S. 97 ff.

[28] Es ist kaum richtig, wenn AUERBACH S. 113 behauptet, »alle chronologischen Arbeiten über Israel und Juda sehen es auch für die ältere Zeit als selbstverständlich an, das Jahr mit dem 1. Nisan beginnen zu lassen«. Ich verweise nur auf BEGRICH.

Für das 7. Jahrhundert ergeben sich nun folgende Daten, wenn nur die voll gerechneten Jahre angegeben werden:

Josia   639—609   31 Jahre
Amon   641—640   2 Jahre
Manasse 696—642   55 Jahre

Gewiß gibt es keine Vergewisserung für diese Zahlen; aber da Manasse bereits in den Inschriften Assarhaddons genannt wird, und zum andern Manasses Vater Hiskia dann zwanglos zum Zeitgenossen Sanheribs wird, haben wir wohl keinen Grund, an der Zuverlässigkeit der Regierungszahlen zu zweifeln. Diese schon von BEGRICH erarbeiteten Zahlen sind so zuverlässig, wie sie unter obwaltenden Umständen nur sein können[29].

Dann freilich setzen mit der Regierung Hiskias wieder die Fragen ein, obgleich wir hier auf besonders festem Boden zu stehen scheinen. Jes 36 1 heißt es: »Im 14. Jahr des Königs Hiskia zog Sanherib, der König von Assur, wider alle Städte Judas.« Dieser Zug fand statt im Jahre 701. Ist dieses das 14. Jahr Hiskias, so ist das Jahr 714 sein erstes, wobei die Frage, ob Vor- oder Nachdatierung noch offen ist. So ist es nicht zu verwundern, wenn dieser einzige, eindeutige Synchronismus gern zum Angelpunkt und Ausgang genommen wird, so von MOWINCKEL, ALBRIGHT, THIELE und anderen. BEGRICH hatte allerdings Bedenken geltend gemacht. Denn so eindeutig der Synchronismus auch zu sein scheint, er enthält doch viele Schwierigkeiten.

1. Das Verhältnis Hiskia-Manasse. Ist 714 das erste Jahr Hiskias und hat er 29 Jahre regiert, so ist das 29. Jahr 686. Wenn Manasse aber schon 696 beginnt, bleiben drei Möglichkeiten:

a) Manasse werden 11 Jahre abgezogen; dann Beginn 686/5 (so etwa KAMPHAUSEN, ALBRIGHT).

b) Hiskia werden 11 Jahre abgezogen; dann Ende 697 (so MOWINCKEL).

c) Oder Manasse ist von 696—686 Mitregent seines Vaters gewesen (so THIELE).

2. Nun könnte eine dieser drei Möglichkeiten, am ehesten vielleicht die dritte, der Wirklichkeit entsprechen, wenn mit dieser Annahme nur alle Schwierigkeiten beseitigt wären. Aber wenn Hiskias erstes Jahr 714, oder bei Nachdatierung 715 war, entstehen Schwierigkeiten auch bei Ahas. Denn dieser muß bereits 734 regiert haben; ist 734 sein erstes, so wäre bei 16 Regierungsjahren 719 sein letztes Jahr. Man muß also auch seine überlieferte Regierungszahl ändern auf mindestens 20 Jahre, wie es auch MOWINCKEL, ALBRIGHT und THIELE in großer Einmütigkeit und Selbstverständlichkeit tun. Unter diesen Umständen ist die Frage wohl erlaubt, ob denn der überlieferte Synchronismus so viel zuverlässiger als die überlieferten Regierungszahlen ist. Und da ergeben sich Bedenken.

Wohin gehört der Satz Jes 36 1 // II Reg 18 13 ? In Jes 36 1 bildet er jetzt den Eingang der Jesajalegenden; in II Reg 18 folgt ein Anna-

---

[29] Sie finden sich im wesentlichen schon bei LEWY, und für Manasse und Amon auch bei THIELE; MOWINCKEL je ein Jahr früher.

lenstück v. 14-16. Gehört er also zur »Legende« oder zu den Annalen? Die Antwort ist nicht so selbstverständlich, wie sie manchmal erscheint. Sie hängt z. T. davon ab, wie man das Verhältnis der Jesaja-Überlieferung zu der des 2. Königsbuches beurteilt. Stellt der Text des Jesaja-Buches die ältere Überlieferung dar, die dann vom deuteronomistischen Redaktor des Königsbuches in sein Werk übernommen wurde, dann gehört Jes 36 1 zur Legendentradition, wo es als Einleitung unentbehrlich ist. Der Redaktor des Königsbuches hat dann das Annalenstück sinngemäß hier eingestellt[30]. Dazu kommt dann, daß die Jahresangabe anders formuliert ist, als in den Annalenstücken; vgl. I Reg 6 37-38 14 25 II Reg 12 7, wo immer ein בשנה bzw. בשנת dem Zahlwort vorangeht, im Unterschied zu Jes 36 1, wo es nur folgt.

Endlich bestätigt wahrscheinlich die Namensform des Königs die Zugehörigkeit des Verses zur »Legende«; denn der Name Hiskia taucht in drei, ja vier Formen auf.

1. חזקיה; so immer im Annalenstück II Reg 18 14-16 (5mal) und Prov 25 1 (!)
2. חזקיהו so Jes 36—39 MT, und danach zumeist auch II Reg 18—20;
3. יחזקיה und יחזקיהו; so meist in der Chronik.
Diese wohl jüngste Form findet sich auch
  a) in den Überschriften Jes 1 1 Hos 1 1 Mi 1 1; diese Zeitangaben sind also erst spät formuliert;
  b) in dem als Zusatz anerkannten Vers Jer 15 4;
  c) in II Reg 20 10, einer späten Erweiterung des Heilungswunders.
Hieraus ergäbe sich eindeutig ein Argument für die Zugehörigkeit von Jes 36 1 zur Legendenüberlieferung, wenn die Namensform in diesem Vers ganz gesichert wäre. Allerdings in Jes 36 1 findet sich nur, wenn ich recht sehe, חזקיהו; aber II Reg 18 13 gehen die Ausgaben auseinander: KITTEL חזקיה, LETTERIS חזקיהו. Mir scheint freilich auch hier alle Wahrscheinlichkeit dafür zu sprechen, daß in Jes 36 1 die jüngere Form ursprünglich ist und daß die Form חזקיה in II Reg eine nur in einzelnen Handschriften vollzogene Angleichung an das folgende Annalenstück darstellt.

4. Leider kann die Jesajarolle von Qumran nichts entscheiden, da sie nebeneinander die Formen חזקיה, יחזקיה, חוזקיה, יחוזקיה enthält, also wohl verschiedene orthographische und Aussprachevarianten nebeneinander bietet.

Wenn aber Jes 36 1 Einführung der folgenden Erzählungen ist, hat diese Angabe gewiß nicht das Gewicht, wie wenn sie den Annalen entnommen wäre. Gewiß brauchte sie darum noch nicht falsch zu sein; aber wenn sie zu solchen Widersprüchen mit anderen chronologischen Überlieferungen führt, die zum mindesten nicht schlechter sind, dann ist doch zu fragen, ob man sie wirklich zum Ausgangspunkt machen darf. Allzu nah liegt die Vermutung, die ja auch oft ausgesprochen ist, daß die 14 Jahre sich aus der Differenz zwischen den fest-

---

[30] Die umgekehrte Annahme, der Redaktor des Jesajabuches habe die Kapitel aus dem Königsbuch entlehnt, ist mit großen Schwierigkeiten belastet; s. JEPSEN, Nabi, S. 86f.

stehenden 29 Regierungsjahren und den Hiskia noch zugesagten weiteren 15 Lebensjahren ergeben. Mir scheint es jedenfalls richtiger zu versuchen, ohne diese zweifelhafte Überlieferung die chronologische Tradition verständlich zu machen[31].

Wenn Hiskias 29 Jahre in der gleichen, später üblichen, also nachdatierten Weise mit Manasse verbunden werden, wenn also Hiskias 29. Jahr das Antrittsjahr Manasses ist, fällt die Regierungszeit Hiskias in die Jahre 725—697. Sprechen allgemeine historische Überlegungen gegen solchen Ansatz? THIELE (S. 128 ff.) glaubt solche anführen zu können.

Erstens: Entgegen der allgemeinen Regel wird nichts von Beziehungen zwischen Hiskia und Hosea berichtet. Er sieht zwar selbst, daß es keine Regel gibt, insofern bei Joas und Asarja während ihrer doch nicht ganz kurzen Regierungen (zusammen 92 Jahre) auch nichts von den Beziehungen zu Israel gesagt wird, bedauert aber doch, daß die Gleichzeitigkeit Hoseas und Hiskias nicht durch solche Berichte gesichert wird. Wie die Beziehung allerdings ausgesehen haben sollte, wenn Hosea seit 725 in Samaria belagert war, andererseits aber Hiskia erst im Jahr 726/5 auf den Thron kam, ist nicht recht einzusehen[32].

Zum andern erinnert THIELE an den Bericht über Hiskias Anfänge in II Chr 29; 30, die Passafeier im 2. Monat des 1. Jahres und an die Gesandtschaft nach Ephraim, Manasse und Sebulon. THIELE sieht die Möglichkeit solcher Gesandtschaft nur in einer Zeit, in der Israel nicht mehr existierte. »Israels letzter König war nicht von der Art, daß er ein solches Vorgehen geduldet hätte.« Gegenüber dieser Argumentation ergeben sich manche Fragen. Einmal die ganz allgemeine, ob es möglich ist, aus dem Chronikbericht solcherart historische Schlüsse zu ziehen; oder auch die besondere, woher wir so genau wissen, was Israels letzter König geduldet hätte und was nicht? Aber nehmen wir den Bericht einmal ernst. 715 war Samaria assyrische Provinz; sollte es wirklich möglich sein, daß Assur einem solchen Treiben, das doch offenbar auf Abfall drängen mußte, tatenlos zusah?[33]

---

[31] Trotz ALBRIGHT, BASOR 100, S. 22: »no rational escape from this date!« Einen ganz anderen Weg, diesem Datum zu entgehen, schlägt SCHEDL VT 12, 112ff. ein, indem er »Sanherib« und »Lakis« streicht und das 14. Jahr Hiskias auf das Datum seiner Krankheit bezieht und den Tribut als den an Sargon im Jahre 712 gezahlten versteht. Jedenfalls glaubt auch SCHEDL nicht an das Jahr 701 als 14. Jahr Hiskias; wie mir scheint, mit Recht.

[32] Auch bei einem unten zu erwägenden früheren Ansatz Hiskias ändert sich an dieser Überlegung wenig.

[33] Wenn man aber schon versucht, den Bericht historisch auszudeuten, könnte man auch zu folgender Vermutung kommen. 727 stirbt Tiglatpileser III.; Hosea fällt von Assur ab. 726 sendet Salmanassar seine Heere, schlägt Israel und zieht gegen Samaria, etwa Januar 725—Januar 722. Da wird Hiskia in Juda König, assyrischer Vasall wie sein Vater. Sollte es nicht möglich sein, daß Assur das aufständische Gebiet wieder an Juda gäbe, so wie später Sanherib judäisches Gebiet an die Philisterstädte verteilte? Die Situation war günstig, die Grenze noch offen, die Bewohner Israels am Ende ihrer Kraft. Wenn man sie nur gewänne für Jerusalem und Juda, könnte man vielleicht auch den assyrischen König davon überzeugen, daß ein vergrößertes Juda

Auch andere Überlegungen, wie die von THIELE S.132 angestellten,
führen nicht zum Ziel. Die Tatsache, daß Ahas eine assyrienfreund-
liche und Hiskia, meinethalben seit 714 (woher wissen wir das so
genau?), eine assyrienfeindliche Politik betrieb, beweist gar nichts für
das Datum seiner Thronbesteigung. Es ist immer auch die Möglichkeit gegeben, daß Hiskia, ebenso wie später Zedekia, aus einem Vasall
ein Gegner der Assyrer wurde. Mit seiner Thronbesteigung braucht
das gar nicht zusammenzuhängen. Methodisch kann man wohl aus
einer feststehenden Chronologie Schlüsse auf wahrscheinliche oder
mögliche historische Zusammenhänge ziehen, aber die Möglichkeit
eines erschlossenen Zusammenhangs vermag nie die Richtigkeit einer
chronologischen Annahme zu beweisen, sondern allenfalls ihre Möglichkeit zu erweisen. Für die Chronologie können nur die chronologischen Überlieferungen aller Art maßgebend sein, die eben auf ihre
Zuverlässigkeit und Einheitlichkeit hin zu prüfen sind.

Und diese versagen eben an diesem Punkte, wie selbst bei THIELE
deutlich wird. Denn er muß alle Angaben, die sich auf die Zeit Hoseas
und Hiskias beziehen, II Reg 17 1 18 1. 9. 10 als irrtümliche Rechnungen späterer Schreiber preisgeben. Wenn man aber schon mit der
Möglichkeit rechnen muß, daß sich Irrtümer in den masoretischen
Text eingeschlichen haben, dann ist die Frage wohl erlaubt, ob solche
Irrtümer sich wirklich hier, oder nur hier und nicht auch an anderen
Stellen finden. Grundsätzlich jedenfalls wird man gegen die Annahme
dieser Möglichkeit keine Einwendungen machen dürfen.

Wenn THIELE diese vier Synchronismen preisgibt, so deswegen,
weil sie sich mit dem von ihm angenommenen Regierungsantritt
Hiskias im Jahre 715 schlechterdings nicht vereinigen lassen. Denn
sie setzen alle vier eben das voraus, was er bestreitet, daß nämlich
Hosea und Hiskia gleichzeitig regiert haben, d. h. daß der Regierungsantritt Hiskias in die Zeit Hoseas fällt. Nun enthalten diese Angaben
zweifellos Schwierigkeiten; aber ist die in ihnen enthaltene Tradition
wirklich von vornherein schlechter als die von Jes 36 1, die doch auch
in erhebliche Schwierigkeiten führt? Hier wird also zunächst die Entscheidung noch offen sein; aber man wird jedenfalls nicht von vornherein die Annahme ablehnen können, daß Hiskias 29 Jahre mit dem
Jahr 725 beginnen. Ob sich freilich diese Annahme halten läßt, und

---

Assur den besten Schutz gewährte. Aber die »Heim ins Reich«-Parole fiel auf keinen
günstigen Boden und bald wurde Samaria assyrische Provinz.

¹ Das alles ist Konstruktion und soll nur zeigen, daß man von einer so oder so angenommenen Chronologie aus leicht Zusammenhänge erfinden kann. Nur das eine würde
ich meinen, daß der Bericht von II Chr. 29f. für das Frühjahr 725 mindestens so wahrscheinlich ist, wie für 715; was freilich bedeutet, daß der Bericht aus der chronologischen
Diskussion besser ausscheidet.

wie sie sich zu den anderen Angaben verhalte, muß die weitere Untersuchung lehren.

Auf etwas festerem Boden steht die chronologische Einordnung
des letzten Königs von Israel, Hosea. Die Überlieferung (II Reg 17 1. 6
18 10) gibt ihm neun Regierungsjahre und verlegt die Eroberung Samarias in sein 9. Jahr. Bis zum Erweis des Gegenteils sollte die Überlieferung wohl ernst genommen werden. Leider liegt die Eroberung
Samarias nicht so genau fest, wie lange angenommen wurde, da sich
neuerdings Zweifel gemeldet haben, ob Sargons Anspruch, Samaria
erobert zu haben, zu recht besteht[34]. Wenn aber Salmanassar V. der
Eroberer Samarias ist, wie das AT will, dann kommen wohl seine
beiden letzten Jahre in Betracht, das heißt sowohl das Ende des 4.
wie der Anfang des 5. Jahres, die Zeit vor Nisan 722, oder Frühjahr
bis Sommer 722. Ist das Jahr der Eroberung das 9. Jahr Hoseas, so ist
dieses also spätestens Fr. 722/1; sein erstes wäre dann 730/1, sein Antrittsjahr 731/30. Umgekehrt wäre als Antrittsjahr frühestens das
Jahr 733/2 möglich, das Jahr, in dem Tiglatpileser III. zuerst gegen
Damaskus zog; dann wäre 724/3 das 9. Jahr. Ob die dritte Möglichkeit nicht die richtige ist? Der Wortlaut des leider schwer verständlichen Berichts legt doch näher, daß Tiglatpileser III. schon mehrere
Kriegszüge unternommen hatte, ehe Peqach gestürzt wurde; dann
fiele der Antritt Hoseas in das Jahr 732/1, sein erstes Jahr wäre 731/30,
sein neuntes 723/2, das dann auch das Jahr der Eroberung sein müßte.
Die Gründe, die TADMOR für das folgende Jahr anführt, scheinen nicht
überzeugend. Denn erstens war eine Belagerung nicht von Sommer
oder Winter abhängig; zweitens berichtet das Alte Testament doch
ausdrücklich von der Fortführung der Bewohner Samarias, für die die
Zeit von März bis Herbst durchaus in Anspruch genommen werden
konnte. Ob Hosea schon vorher gefangen wurde, ist nicht entscheidend,
solange die Eroberung mit Recht in sein 9. Jahr verlegt wurde. So ist
die Annahme, Hoseas neun Jahre zählten von 731 bis 723 wohl von
der Überlieferung her die wahrscheinlichste; sie läßt vielleicht die Verschiebung um ein Jahr nach unten, oder allenfalls auch nach oben zu.

Dieser Ansatz unterscheidet sich von dem BEGRICHS um ein
halbes Jahr; vor allem aber auch dadurch, daß er nicht mit einer Belagerung und Eroberung Samarias nach dem 9. Jahr Hoseas zu rechnen
braucht.

Wenn damit auch das letzte Jahr Peqachs gegeben ist, 732, so
leider nicht die Zeit seiner Alleinherrschaft. Denn diese kann nicht
20 Jahre betragen haben, da nach dem Regierungsantritt Tiglatpilesers III. 745, Menahem mindestens noch kurze Zeit und Peqachja
2 Jahre geherrscht haben müssen. Die Zahl der Jahre Peqachs ergibt

---

[34] Vgl. TADMOR, JCSt XII, 22ff.; THIELE, S. 122ff.

sich nur aus der Zeit zwischen dem Antrittsjahr Hoseas = 732 und
dem 2. Jahr Peqachjas. Können wir dieses festlegen?

Die Regierungsjahre der israelitischen Könige von Jehu bis
Peqachja geben zunächst keinen Anlaß zu Beanstandungen. Unter
der Voraussetzung der Vordatierung ergibt sich folgende Reihe:

$$28.\ J.\ Jehu\quad = \quad 1.\ J.\ Joachaz$$
$$1.\ J.\ Joas\quad = \quad 17.\ J.\ Joachaz$$
$$16.\ J.\ Joas\quad = \quad 1.\ J.\ Jerobeam$$
$$1.\ J.\ Menahem = 41.\ J.\ Jerobeam$$
$$10.\ J.\ Menahem = Antritt\ Peqachja$$

Wenn, wie BEGRICH auf Grund der judäischen Synchronismen durchaus glaubhaft gemacht hat, mit Peqachja die Nachdatierung nach
assyrischem Vorbild übernommen ist, dann wohl auch der Jahresanfang im Frühjahr. Hat Menahems 10. Jahr im Herbst begonnen,
dann Peqachjas 1. Jahr am nächsten Nisan, wenn Menahem vorher
starb; am übernächsten, wenn Menahem in der 2. Hälfte seines
10. Jahres starb. Das ergibt unter Umständen eine Differenz in der
Endsumme der Jahre.

Im Unterschied zu BEGRICH habe ich Menahem vordatierend an
Jerobeam II. angeschlossen, da zur Zeit seines Regierungsantritts,
d. h. vor Tiglatpileser III. kaum Anlaß war, die assyrische Jahresrechnung einzuführen. Rechnet man die überlieferten Zahlen vordatierend zusammen, so ergibt sich:

Jehu	28
Joachaz	16
Joas	15
Jerobeam	40
Menahem	9

$$= 108$$
$$\text{dazu für Peqachja}\quad\underline{\quad 2\quad}$$
$$\overline{110\ \text{Jahre}}$$

Diese Summe wird man kaum ändern können, wenn man es auch
immer wieder aus verschiedenen Gründen versucht hat; teils um den
Antritt Jehus bis auf 842 heruntersetzen zu können, teils um für
Peqach eine längere Zeit und damit auch für Jotham eine selbständige
Regierungszeit zu gewinnen. Aber beide Anliegen beruhen auf Voraussetzungen, die selbst nicht zwingend sind (den 12 Jahren zwischen
der Schlacht bei Karkar und Jehus Tribut einerseits, der Eigenherr-
schaft Jothams andererseits). So sind auch Vorschläge auf Grund der
Synchronismen m. E. nicht zwingend. Der masoretische Synchronismus:

$$37.\ \text{Jahr Joas} = 1.\ J.\ \text{Joas von Israel}$$

führt zur Änderung zweier Regierungsjahre bei Joas von Juda und
Joachaz; der Synchronismus:

1. J. Asarja = 27. Jahr Jerobeam

führt dazu, eine völlig unbezeugte Mitregentschaft Jerobeams mit seinem Vater Joas anzunehmen und die Mitregentschaft Asarjas so früh beginnen zu lassen, daß sich nun erhebliche genealogische Schwierigkeiten ergeben. Wenn aber die Reihe so überliefert ist, daß sie einerseits jedenfalls den Tribut Jehus 841 und andererseits den des Menahem 738 oder früher ohne jeden Anstoß umschließt, dann sollte man von willkürlichen Änderungen doch lieber absehen. Denn für den Antritt Jehus stehen höchstens 4 Jahre zur Verfügung. Jehu kämpft gegen Hasael, als er Joram von Israel stürzt. Hasael kann aber frühestens im Jahre H. 845/4 seinen Vorgänger ermordet haben, da im Jahre 845 noch Hadadeser den Thron von Damaskus inne hat. Andererseits hat Jehu 841 Tribut an Salmanassar gezahlt, so daß das Jahr 842/1 das späteste ist, in dem er König geworden sein kann. Nehmen wir zunächst mit BEGRICH das möglichst frühe Datum, ergäbe sich folgende Reihe:

Jehu	H. 845—818
Joachaz	H. 818—802
Joas	H. 802—787
Jerobeam	H. 787—747

Da Sacharja und Sallum nur sechs, bzw. einen Monat regiert haben, muß auch das erste Jahr Menahems noch in das letzte Jahr Jerobeams fallen. Sein 10. Jahr beginnt also dann H. 738. Ist damals mit der Nachdatierung auch der Frühjahrsbeginn des Jahres eingeführt worden, so könnte Peqachja, wenn Menahem im ersten Halbjahr seines letzten Regierungsjahres starb, bereits Fr. 737 sein erstes Jahr begonnen haben. Sein 2. Fr. 736/5 wäre auch Antrittsjahr Peqachs, dessen erstes Jahr 735/4. Da Fr. 732/1 sein letztes Jahr sein muß (s. o.); hätte er 4 Jahre regiert. Die obige Liste müßte also fortgesetzt werden:

Sacharja, Sallum	747/6
Menahem	747/6—738
Peqachja	Fr. 737—736
Peqach	Fr. 735—732
Hosea	Fr. 731—723

Bei diesem Versuch, der es zunächst ja war, zeigt sich, daß von den vier Möglichkeiten, die sich für den Regierungsantritt Jehus ergeben, allenfalls noch eine in Frage käme, 844/3. Denn der Anfang Peqachs ließe sich höchstens noch um ein Jahr heruntersetzen; aber wahrscheinlicher ist doch, daß eine kleine Zeit zwischen dem Aufstand Peqachs und dem Angriff auf Jerusalem liegt. Vielleicht aber findet sich auch in der Tradition noch eine kleine Bestätigung für eine vierjährige Regierungszeit Peqachs (s. u.).

Es wird jedoch gut sein, zunächst die judäischen Synchronismen festzustellen. Hat in Juda auch der Herbstanfang des Jahres noch gegolten, so müßte, wenn Peqachjas Antritt in das 50. Jahr Asarjas fallen soll, das 50. Jahr Asarjas von H. 738 bis H. 737 reichen. Die nebenstehende Liste geht von der bisherigen Annahme aus, daß Hiskias erstes Jahr im Fr. 725 beginnt. Unter der Voraussetzung, daß damals der Übergang zum Frühjahrsanfang des Jahres erfolgte, wäre der Abschnitt H. 726 bis Fr. 725 das 16. Jahr des Ahas und der Antritt Hiskias. Von da aus ergäben sich die Jahre Ahas rückwärts, so daß der Antritt Hoseas (noch vor H. 732) in das 9. Jahr Ahas fiele, während der Antritt Peqachs in sein 6. Jahr fiele, das dann dem 52. Jahr Asarjas gleichzusetzen ist[35].

An sich wäre gegen diese Chronologie kaum etwas einzuwenden. Sie rechnet mit den 29 Jahren Hiskias, spannt sie den 55 Jahren Manasses vor und verbindet mit dem Antritt Hiskias den Übergang zum Jahresbeginn im Frühjahr und zur Nachdatierung.

Nur eines hat diese Chronologie gegen sich, daß alle für diesen Zeitraum seit dem Antritt Peqachs überlieferten Synchronismen falsch sind. Das brauchte nicht unbedingt zu stören; denn nach THIELE sind gerade diese alle falsch und von späteren Schreibern irrtümlich eingetragen. Aber dieses Verdikt gilt doch nur, weil die Angabe von Jes 36 1 zu ihnen nicht stimmt. An sich war ich auch der Meinung[36]. Aber nun habe ich einmal zu der israelitischen Reihe die Synchronismen hinzugefügt, ausgehend von dem letzten: 9. J. Hoseas = 6. J. Hiskias; dann stimmt auch

7. J. Hoseas = 4. J. Hiskias; dann ist

4. J. Hoseas = 1. J. Hiskias.

Das heißt aber: Antritt Hiskias im 3. Jahr Hoseas. Nehmen wir wie eben an, mit dem Antritt Hiskias sei der Übergang zur Frühjahrsrechnung verbunden, dann wäre die 2. Hälfte des 3. Jahres Hoseas H. 729 — Fr. 728 = Antritt Hiskias = 16. Jahr Ahas. Das 15. J. Ahas ist dann H. 730—729

sein 12. J. aber   H. 733—732,

d. h. aber, der Antritt Hoseas fällt in das Ende des 12. Jahres Ahas, wie überliefert.

Diese Synchronismen ergeben sich freilich nur bei der Annahme, daß in Israel bereits seit Peqachja der Jahresbeginn im Frühjahr war, während in Juda das Jahr noch bis zum Anfang Hiskias im Herbst anfing.

Gegen diese Chronologie spricht allerdings eines: daß die 29 Jahre Hiskias, die dann von 728—700 gereicht hätten, nicht an Manasse anschließen. Hier könnte man freilich helfen. Entweder so, daß man die Zahl ändert, also in 32. Solches tun viele Kritiker; warum sollte die Überlieferung bei Hiskia zuverlässiger sein, als bei Ahas

---

[35] Da der Antritt Ahas nach Jahren Peqachs angegeben wird, könnte folgender Zusammenhang bestehen: Peqach übernimmt die Herrschaft im 52. Jahr Asarjas, d. h. in der Zeit von H. 736 bis Fr. 735. Nach Fr. 735 stirbt Asarja, also in Peqachs erstem Jahr und Ahas wird Alleinherrscher zwischen Frühjahr und Herbst 735. Auffällig ist nun die Datierung des Thronwechsels in das 17. Jahr Peqachs., d. h. bei den angegebenen 20 Regierungsjahren in das 4. Jahr vor dem Sturz Peqachs. Hat sich in dieser Überlieferung eine Erinnerung an die vierjährige Regierungszeit Peqachs niedergeschlagen, die dann also nicht nur erschlossen, sondern bezeugt wäre?

[36] JEPSEN, Die Quellen des Königsbuches, S. 47.

Juda	Datum	Israel	Assyrien
4 Ahas [7] = 50. J. Asarja	H. 738 — F. 737 / F. 737 — H. 737	Antr. Peqachja = Menahem 10	= Tiglatpileser III. 9
5 Ahas [8] = 51. J. Asarja	H. 737 — F. 736 / F. 736 — H. 736	1. J. Peqachja	= Tiglatpileser III. 10
6 Ahas [9] = 52. J. Asarja / Antr. Ahas	H. 736 — F. 735 / F. 735 — H. 735	2. J. Peqachja — Antritt Peqach	= Tiglatpileser III. 11
7 Ahas [Ahas 10]	H. 735 — F. 734 / F. 734 — H. 734	1. J. Peqach (17)	= Tiglatpileser III. 12
8 Ahas [Ahas 11]	H. 734 — F. 733 / F. 733 — H. 733	2. J. Peqach (18)	= Tiglatpileser III. 13
9 Ahas [Ahas 12]	H. 733 — F. 732 / F. 732 — H. 732	3. J. Peqach (19)	= Tiglatpileser III. 14
10 Ahas [Ahas 13]	H. 732 — F. 731 / F. 731 — H. 731	4. J. Peqach (20) = Antr. Hosea	= Tiglatpileser III. 15
11 Ahas [Ahas 14]	H. 731 — F. 730 / F. 730 — H. 730	1. J. Hosea	= Tiglatpileser III. 16
12 Ahas [Ahas 15]	H. 730 — F. 729 / F. 729 — H. 729	2. J. Hosea	= Tiglatpileser III. 17
13 Ahas [Ahas 16 = Antr. Hiskia] [Hiskia 1]	H. 729 — F. 728 / F. 728 — H. 728	3. J. Hosea	= Tiglatpileser III. 18
14 Ahas [Hiskia 2]	H. 728 — F. 727 / F. 727 — H. 727	4. J. Hosea	= Tiglatpileser III. 19
15 Ahas [Hiskia 3]	H. 727 — F. 726 / F. 726 — H. 726	5. J. Hosea	= Salmanassar 1
16 Ahas = Antr. Hiskia	H. 726 — F. 725 / F. 725 — H. 725	6. J. Hosea	= Salmanassar 2
1 Hiskia [4]	H. 725 — F. 724 / F. 724 — H. 724	7. J. Hosea	= Salmanassar 3
2 Hiskia [5]	H. 724 — F. 723 / F. 723 — H. 723	8. J. Hosea	= Salmanassar 4
3 Hiskia [6]	H. 723 — F. 722 / F. 722 — H. 722	9. J. Hosea = Eroberung Samarias	= Salmanassar 5
4 Hiskia [7]	H. 722 — F. 721 / F. 721 — H. 721	Wegführung Israels	= Sargon 1
5 Hiskia [8]	H. 721 — F. 720 / F. 720 — H. 720		= Sargon 2
6 Hiskia [9]	H. 720 — F. 719 / F. 719 — H. 719		= Sargon 3
7 Hiskia [10]	H. 719 — F. 718		

(der nach THIELE 20 Jahre regiert hat), oder bei Manasse (der nach ALBRIGHT 45 Jahre herrschte). Man könnte aber auch die Zahl verständlich machen. Etwa so, daß Hiskia nach seiner schweren Niederlage kalt gestellt (vgl. Amasja) und zunächst ein Regentschaftsrat eingesetzt wurde, bis Manasse 12jährig König wurde (vgl. Mi 6 1ff.).

Wenn eine solche oder eine ähnliche Annahme (Machtkämpfe nach dem Rücktritt oder Tod Hiskias, die erst nach 3 Jahren zur Erhebung eines vielleicht jüngeren Sohnes führten?) es ermöglicht, einmal die überlieferten Regierungsjahre Hiskias zu halten und zum anderen die für die Spätzeit Israels überlieferten Synchronismen verständlich zu machen, sollte man sie doch ernsthaft erwägen.

Eine stillschweigende Voraussetzung habe ich bisher gemacht, nämlich daß des Ahas Regierung zum Teil und die Jothams ganz mit der Zeit Asarjas zusammenfallen. Für Ahas ergäbe sich 741-726, für Jotham 756—741. Diese Daten finden ihre Bestätigung durch die Altersangaben (s. u.); Ahas lebt von 761—726, Jotham von 781—741. Das Geburtsalter Hiskias muß wohl geändert werden; am einfachsten von 25 in 15 Jahre; dann wäre er 741 geboren, was genau paßt.

Diese Voraussetzung und die daraus gezogenen Folgerungen ergeben sich notwendig, wenn Hiskias erstes Jahr 725 (oder 728) ist und andererseits Asarja bis in das erste Jahr Peqachs hinein gelebt hat. In der Zwischenzeit kann man die 16 Jahre Jothams und die 16 Jahre des Ahas nicht unterbringen. Nun ist für Jotham eine lange Mitregentschaft anerkannt (sie ist ja ausdrücklich bezeugt), aber nicht für Ahas. Außerdem glaubt man für Jotham eine, wenn auch noch so kurze Zeit der Alleinherrschaft annehmen zu sollen. Um das zu erreichen, hat man verschiedene Wege versucht: Erstens, entweder die Zeit Asarjas wird hinauf- und die Hiskias hinabgerückt, was beides zu erheblichen Konsequenzen hinsichtlich der Regierungsjahre und Synchronismen führt. Oder zweitens, man kürzt die Regierungszahlen, so BEGRICH für Asarja, SCHEDL für Ahas usf. Gegenüber beiden Versuchen scheint mir der angegebene Weg, nicht nur die Zeit Jothams ganz, sondern auch die des Ahas zum Teil in die Zeit Asarjas zu verlegen, der einfachste zu sein, weil er die Überlieferung am wenigsten zu ändern braucht.

Stehen damit die Daten der israelitischen Könige seit Jehu fest (die Verbindung der Spätzeit mit den assyrischen Angaben läßt kaum eine Verschiebung zu), so fügen sich die judäischen Könige auf Grund der Synchronismen fast alle zwanglos ein. Asarjas 52 Jahre reichen von H. 787—736. Amasjas 1. Jahr = 40. Jahr Joas ist dann gleich dem 2. Jahr Joas = 801; sein 29. Jahr also 773. Er ist 787 abgesetzt worden, hat aber noch bis 773 gelebt. Die 40 Jahre des Joas sind dann 840—801 anzusetzen und die Zeit der Athalja von 845/4—840. Wenn dann das 1. Jahr des Joachaz in das 23. Jahr des Joas fällt, muß für Joas von Israel wohl das 39. Jahr angesetzt werden, wie 2 LXX MSS richtig korrigieren (oder überliefern?).

Sind diese Zahlen richtig, dann haben sich Irrtümer eingeschlichen bei dem Antrittsjahr Asarjas, das ins 15. Jahr Jerobeams fällt, sowie bei den Synchronismen für Sacharja, Sallum und Menahem, die alle drei ins 41. Jahr Asarjas fielen (während die von THIELE preisgegebenen Synchronismen II Reg 17 1 18 1. 9. 10 nun vielleicht doch stimmen).

Damit ergäbe sich für diesen Zeitraum folgende Übersicht:

Athalja	845—840	Jehu	845—818
Joas	840—801	Joahaz	818—802
		Joas	802—787
Amasja	801—773		
Asarja	787—736	Jerobeam	787—747
Jotham	756—741		
	(759—744)	Sacharja,	
		Sallum	747
		Menahem	747—738
Ahas	741—726		
	(744—729)	Peqachja	737—736
		Peqach	735—732
Hiskia	725—697	Hosea	731—723
	(728—700)		
(Interregnum	699—697)		

Liegt die Revolution Jehus richtig im H. 845/4, so ist damit schon eine Vorentscheidung für die vorhergehende Periode getroffen; es wird sich zeigen müssen, ob sich dieser Ansatz bewährt.

Der erste Zeitabschnitt des getrennten Reiches hat für chronologische Überlegungen den Vorteil, daß die beiden Königsreihen jedenfalls gleichzeitig aufhören, vielleicht auch zugleich anfangen.

Hier setzen freilich schon die Fragen ein. Denn es ist auffällig, daß Abia seinem Vater Rehabeam in dem 18. Jahr Jerobeams folgt, obgleich Rehabeam nur 17 Jahre geherrscht hat. Die einfachste Antwort wäre, daß Jerobeam seine Jahre bereits von seinem verunglückten Aufstandsversuch an gezählt hat, der dann im 39. Jahr Salomos stattgefunden hätte. Wenn man dann mit BEGRICH annehmen darf, daß Jerobeam nur 21 Jahre regiert hat, stimmen alle weiteren Regierungszahlen und Synchronismen bis zum 41. Jahr Asas. Es kann dann dabei bleiben, daß beide Staaten ihre Jahre im Herbst anfangen ließen, wie es schon zur Zeit Salomos war (vgl. BEGRICH und THIELE), und daß beide bei der Rechnung der Königsjahre die Vordatierung benutzten. Von irgendwelchen Änderungen in dieser Hinsicht ist nichts überliefert. Mit der einen Änderung (22 in 21) ist diese Einhelligkeit wohl nicht zu teuer erkauft.

Schwieriger ist der dann noch fehlende kurze Zeitraum vom 1. Jahr Josaphats = 4. Jahr Ahabs bis zur Revolution Jehus zu be-

urteilen. Geht man hier nur von den Regierungszahlen aus, bei vor-
datierter Rechnung, wäre

$$
\begin{array}{llll}
\text{Asa} & 41 = \text{Josaphat} & 1 = \text{Ahab} & 4 \\
& \text{Josaphat} & 19 = \text{Ahab} & 22 = \text{Ahasja 1} \\
& \text{Josaphat} & 20 = \text{Joram} & 1 = \text{Ahasja 2} \\
\text{Joram} & 1 = \text{Josaphat} & 24 = \text{Joram} & 5 \\
\text{Joram} & 2 = \text{Josaphat} & 25 = \text{Joram} & 6 \\
\text{Joram} & 8 = \text{Ahasja} & = \text{Joram} & 12
\end{array}
$$

Will man also mit den überlieferten Regierungszahlen vom Anfangsjahr zum gleichen Endjahr kommen, muß man auch bei dieser
Rechnung eine Mitregentschaft Jorams von Juda annehmen. Es sind
dann aber alle Synchronismen falsch; denn auch der Synchronismus
Joram 1 = Joram 5
entspricht nicht der Regel, die sonst eingehalten wird, daß nämlich
das erste Jahr der Alleinherrschaft als Jahr des Regierungsantritts
angesehen wird.

Nimmt man dagegen die Synchronismen für Ahasja und Joram
von Israel ernst, muß die Regierungszeit Ahabs auf 20 Jahre verkürzt
werden, wie es BEGRICH mit Recht vorschlägt. Das hat zur Folge, daß
auf der judäischen Seite Josaphats Zeit ebenfalls verkürzt werden
muß, möglicherweise dann um 3 Jahre; denn dann ergäbe sich:

$$
\begin{array}{llll}
\text{Asa} & 41 = \text{Josaphat} & 1 = \text{Ahab} & 4 \\
& \text{Josaphat} & 17 = \text{Ahab} & 20 = \text{Ahasja 1} \\
& \text{Josaphat} & 18 = \text{Joram} & 1 = \text{Ahasja 2} \\
\text{Joram} & 1 = \text{Josaphat} & 22 = \text{Joram} & 5 \\
\text{Joram} & 8 = \text{Ahasja} & = \text{Joram} & 12
\end{array}
$$

Dann stimmten in der Tat die Synchronismen für Ahasja von Israel,
Joram von Israel und Joram von Juda.

Es bleiben aber auch bei dieser Verkürzung des Zeitraums noch
zwei Schwierigkeiten:

1. Im Sommer 853 kämpfte Ahab noch gegen die Assyrer; 841 zahlte Jehu seinen
Tribut an Salmanassar III. Es müßte dann H. 854/3 Ahabs letztes Jahr gewesen sein
und zugleich Ahajas erstes. H. 853/2 wäre Ahasjas 2. und Jorams 1. Jahr. 842/1 müßte
dann Jorams 12. und Jehus 1. Jahr gewesen sein. Wer mit I Reg 22 annimmt, daß Ahab
im Kampf gegen die Aramäer gefallen sei, muß diese Zeitansetzung fast für ausgeschlossen halten. Ich hätte, da mir der genannte Bericht historisch äußerst zweifelhaft
ist, an dem Punkt keine Bedenken; Ahab könnte ja bald nach der Schlacht bei Karkar
gestorben sein. Trotzdem bleibt einiges ungewiß.

2. Noch schwieriger ist der andere Punkt. Ist 842/1 Jehus 1. Jahr, dann führt
die israelitische Königsreihe mit Peqach auf einen Termin, der wieder historisch nicht
möglich ist, nämlich auf H. 733/2, d. h. in die Zeit, in der Peqach schon abgesetzt
wurde. Es scheint mir aber auch kaum möglich zu sein, bei dieser Reihe etwas einzu-
sparen, da dann die Synchronismen wieder nicht stimmen. Es ist also doch wohl die

Frage erlaubt, ob die Zahlenüberlieferung für diesen Zeitraum nicht noch einen Fehler
enthält, bzw. auch eine andere Deutung zuläßt.

BEGRICH hat, wie mir scheint mit Recht, auf den Synchronismus:
Antritt Jorams v. Israel = 2. Jahr Jorams v. Juda
hingewiesen. Wenn diese Angabe ebenso stimmt, wie die andere, das
Antrittsjahr Jorams sei gleich dem 18. Jahr Josaphats, dann müßte
Joram v. Juda im 17. Jahr Josaphats dessen Mitregent geworden sein.
Hat aber Joram v. Juda dann 8 Jahre regiert, verkürzt sich die Zeit
Jorams v. Israel auf 7 Jahre. Das ergäbe folgende Ordnung:

Asa	41	=	Josaphat	1	=	Ahab	4	
Joram	1	=	Josaphat	17	=	Ahab	20	= Ahasja 1
Joram	2	=	Josaphat	18	=	Joram	1	= Ahasja 2
Antr. Joram	6	=	Josaphat	22	=	Joram	5	
Joram	8	=	Ahasja		=	Joram	7	

Diese Aufstellung unterscheidet sich von der BEGRICHS dadurch,
daß keine Mitregentschaft Josaphats mit seinem Vater angenommen
wird, daß vielmehr die 22 Jahre Josaphats vom Tode seines Vaters an
durchgezählt werden. Das hat folgende Vorteile: 1. Wir brauchen keine
Mitregentschaft anzunehmen, die nur mit Mühe zu erschließen ist.
2. Die Synchronismen für Ahasja und Joram sind nicht richtig errechnet, sondern stimmen nun mit der Regel, daß die Regierungsjahre
immer vom tatsächlichen Antritt an gerechnet werden. (Ich hatte
früher daher das 17. und 18. Jahr in das 21. und 22. Jahr ändern zu
müssen geglaubt.) 3. Der Synchronismus Antritt Jorams v. Juda
= 5. Jahr Jorams v. Israel stimmt nun ebenfalls, wenn Josaphat bis
in sein 22. Jahr hinein gelebt und regiert hat, Joram also erst jetzt die
Alleinherrschaft übernahm.

BEGRICH ist, wie mir scheint, auf die Annahme einer Mitregentschaft Josaphats durch eine falsche Verbindung verschiedener Zahl-
reihen gekommen. In seiner Tabelle I (S. 107) stellt er der israelitischen
Reihe vom 11. Jahr Omris an drei judäische Reihen gegenüber. Die
Reihe A aber, die das 1. Jahr Josaphats mit dem 11. Jahr Omris verbindet, ist die der LXX und beruht insofern auf einen Irrtum, als sie
die 12 Jahre Omris erst mit dem 31. J. Asas beginnen läßt und so ganz
konsequent das 41. Jahr Asas gleich dem 1. Jahr Josaphats mit dem
11. Jahr Omris gleichsetzt. Da diese Kombination aber eindeutig eine
Mißdeutung der 12 Jahre Omris darstellt, lassen sich aus dieser Reihe
auch keine historischen Schlüsse ziehen. Hätte BEGRICH dagegen seine
Reihen B und C miteinander kombiniert, so wäre er genau zu dem eben
gewonnenen Ergebnis gekommen; denn es ist dort abzulesen.

Ist dieses Ergebnis richtig, so ändert sich nichts an dem Zeitraum
zwischen dem 1. Jahr Josaphats und der Revolution Jehus, so wie
BEGRICH ihn gewonnen hatte. Das 7. Jahr Jorams ist das 1. Jahr

Jehus 845/4 und das heißt, alle Zahlen aufwärts bleiben wie bei
BEGRICH. Das Ergebnis wäre:

		Jerobeam I.	927—907	
Rehabeam	926—910			
Abia	910—908			
Asa	908—868			
		Nadab		907—906
		Baesa		906—883
		Ela		883—882
		Omri	(882)	878—871
		Ahab		871—852
Josaphat	868—847			
Joram (852)	847—845	Ahasja		852—851
		Joram		851—845
Ahasja	845			
Athalja	845—840	Jehu		845—818
Joas	840—801			
		Joahaz		818—802
		Joas		802—787
Amasja	801—773			
Asarja	787—736	Jerobeam II.		787—747
		Menahem		747—738
Jotham	756—741			
(759—744)				
Ahas	741—725			
(744—729)		Peqachja	Fr.	737—736
		Peqach	Fr.	735—732
		Hosea	Fr.	731—723
Hiskia Fr.	725—697			
(728—700)				
Manasse	696—642			
Amon	641—640			
Josia	639—609			
Joahaz	609			
Jojakim	608—598			
Jojachin	598			
Zedekia	597—587			

Die angenommenen Zahlen finden durch die Angaben des Alters beim
Regierungsantritt jedenfalls eine Bestätigung. Es ergeben sich folgende Reihen (die erschlossenen Zahlen in Klammern), wenn man annimmt, der neue König stehe bei seinem Regierungsantritt in dem
jeweils genannten Lebensjahr:

	Regierungs-antritt	Alter	Geburts-dat.	Alter bei d. Geburt d. Sohnes
David	1004	(30)	(1033)	47
Salomo	965	(22)	(986)	20
Rehabeam	926	41	966	(22)
Abia	910		(944)	(21)
Asa	908		(923)	(21)
Josaphat	868	35	902	19
Joram	852	32	883	17
Ahasja	845	22	866	20
Joas	840	7	846	21
Amasja	801	25	825	23
Asarja	787	16	802	22. [19]
Jotham	756 [759]	25	780 [783]	20
Ahas	741 [744]	20	760 [763]	(21)
Hiskia	725 [728]	(15)	(739) [742]	(32) [35]
Manasse	696	12	707	45
Amon	641	22	662	16
Josia	639	8	646	15. 14. 29
Joahaz	609	23	631	
Jojakim	608	25	632	17
Jojachin	598	18	615	
Zedekia	597	21	617	

Es zeigt sich in den ersten zwei Jahrhunderten ein erstaunlich gleichbleibendes Durchschnittsalter bei der Geburt des als König folgenden Sohnes; fast immer um 20 Jahre herum. Die Ausnahmen sind leicht verständlich. Salomo ist Davids Alterssohn. Die für Rehabeam, Abia und Asa zu erschließenden Zahlen müssen um 21 herum liegen. Jorams jüngeres Alter erklärt sich leicht, da seine Heirat mit Athalja alsbald den Frieden zwischen Israel und Juda besiegeln sollte. Ob Jotham 780 oder 783 geboren wurde, läßt sich nicht mit Sicherheit erschließen; man könnte nur mit einer gewissen Wahrscheinlichkeit erschließen, daß der mit 16 Jahren zum König erhobene Asarja auch alsbald eine legitime Gattin erhielt und daß der Thronerbe nicht allzulange auf sich warten ließ, das frühere Datum also vielleicht auch von daher vorzuziehen ist. Die Altersangabe für Hiskia läßt sich kaum halten; die Änderung von 25 in 15 ist doch wohl die einfachste und führt zu einem klaren einleuchtenden Ergebnis. Auffallend bleibt die späte Geburt Manasses; ob etwa ältere Brüder von der Thronfolge ausgeschlossen wurden, oder im Kampf gefallen waren? Auch für die späte Geburt Amons bietet sich keine besondere Erklärung. Aber jedenfalls hat wohl das hohe Alter Manasses dazu geführt, daß Amon früh heiratete; ebenso wird man den jungen Josia als König schon bald legitime Frauen zugeführt haben, so daß ihm schon im Alter von 14 und 15 Jahren die ersten Söhne geboren wurden.

Mit Ausnahme der 25 Jahre Hiskias fügen sich also die Altersangaben durchaus in die gewonnene Chronologie ein. Daß das Alter
der Könige bei der Geburt ihres Sohnes durchweg etwas niedriger ist,
als das bei THIELE errechnete, scheint mir für die größere Wahrscheinlichkeit der angegebenen Daten zu sprechen. Im übrigen zeigt die
Liste, daß auch das Antrittsalter Rehabeams mit 41 Jahren unanfecht-
bar ist, denn zwischen seinem Geburtsjahr 966 und dem seines Ur-
enkels Josaphat liegen die etwa zu erwartenden 64 Jahre. Wenn wir
dann für Salomo etwa das gleiche Alter von 20 Jahren bei der Geburt
seines Sohnes annehmen dürfen, kämen wir auf das Jahr 986. Diese
Zahlen weisen im übrigen darauf hin, daß man nicht so einfach, wie
es immer wieder geschieht, die Regierungsjahre Davids und Salomos
für runde Zahlen erklären darf. Nimmt man diese eben angestellten
genealogischen Überlegungen ernst, ist eine wesentliche Verkürzung
weder für die Regierungszeit Davids noch für die Salomos anzunehmen.
Dann aber ist kein Grund, an dieser Überlieferung zu zweifeln. Das
mag für David noch dadurch unterstrichen werden, daß es unschwer
möglich ist, die uns für seine Regierungszeit berichteten Ereignisse in
eine chronologisch voll verständliche Reihenfolge zu bringen. Diese
Daten ergeben sich aus folgenden Überlegungen: Meribaal ist 5 Jahre
alt, als Saul und Jonathan fallen, wäre also 1008 geboren; sein Vater
dann etwa um 1028, sein Großvater spätestens um 1048 oder ein wenig
früher. Das bedeutet, daß Saul bei seinem Regierungsantritt etwa
40 Jahre alt gewesen sein dürfte. Für seine Regierungsdauer läge wohl
am nächsten, eine Änderung von שְׁתֵּי in תֵּשַׁע (I Sam 13 1) vorzunehmen.
Ein Alter von 49 Jahren würde der genealogischen Überlieferung genau
entsprechen, eine Regierungsdauer von neun Jahren dem, was wir von
der Herrschaft Sauls wissen[37]. Wenn Meribaal aber schon einen Sohn
hatte, als er begnadigt wurde, kämen wir für die Begnadigung etwa
in das Jahr 988; wenn etwa gleichzeitig und im folgenden Jahr die
Ammoniterkämpfe anzusetzen sind, so fiele die Geburt des ersten
Sohnes Davids von der Bathseba auf das Jahr 987 und der Salomos
auf 986. Der Erzähler hätte sich also durchaus auch an die Reihenfolge
der Ereignisse gehalten. Die 11 Jahre von der Schandtat Amnons bis
zum Aufstand Absaloms setzen auf der einen Seite ein noch jugend-
liches Alter Amnons, Absaloms und Thamars voraus; wenn Amnon
in Hebron etwa um 1003 geboren ist, Absalom um 1002 und seine
Vollschwester Thamar um 1000, wäre wohl das früheste für Amnons
Tat in Betracht kommende Jahr 985. Die 11 Jahre fielen dann von
985—974. Auf der anderen Seite dürfte als spätestes Jahr für den
Aufstand Absaloms 967 angenommen werden, d. h. die Tat Amnons
fiele in das Jahr 978. Ein mittleres Datum würde der historischen

---

[37] Vgl. jetzt K. D. SCHUNCK, Benjamin.

Wahrscheinlichkeit wohl am nächsten kommen, so daß sich dann etwa folgende Liste für die Regierungszeit Davids ergäbe:

Saul geb.	1051
Jonathan geb.	1028
Meribaal geb.	1008
Saul König	**1012—1004**
Eschbaal	**1004—1003**
David König	**1004— 998** in Hebron
	997— 965 in Jerusalem
Amnon geb.	1003
Absalom geb.	1002
Thamar geb.	1000
Jerusalem erobert	998
Meribaal begnadigt	988
Ammoniterkriege	988—986
Salomo geb.	986
Amnons Schandtat	983
Absaloms Rache und Flucht	981
Rückkehr	978
Begnadigung	976
Aufstand	972
Rehabeam geb.	**966**
Salomo König	**965—926**
Tempelbau	**962—955**

Es dürfte wohl deutlich sein, daß in der Tat auch die Zeit Davids sich kaum verkürzen läßt. Jede wesentliche Verkürzung würde die berichtete Reihenfolge: Meribaals Begnadigung — Ammoniterkriege — Salomos Geburt umstürzen. Natürlich sind nur die fettgedruckten Zahlen von der Tradition her gesichert; aber auch die übrigen erschlossenen dürften kaum wesentlich anders angesetzt werden.

Soll mit dem allen die historisch richtige Chronologie gewonnen sein, so kann sie mangels astronomischer Beweise nur durch zwei Überlegungen wahrscheinlich gemacht werden. Einmal durch den Vergleich mit den assyrischen Synchronismen; da diese aber schon bei der Ansetzung eine Rolle gespielt haben, ist nur festzustellen, daß alle sicheren Synchronismen zu ihrem Recht gekommen sind. Auch für den Tribut des Menahem steht ein genügender Zeitraum zur Verfügung.

Zum andern durch den Vergleich mit der Tradition. Richtig sind die Regierungsjahre bei David, Salomo, Rehabeam, Abia, Asa, Joram, Ahasja, Joas, Amasja, Asarja, Jotham, Ahas, Hiskia, Manasse und seinen Nachfolgern in Juda; von Nadab, Baesa, Ela, Omri, Ahasja, Jehu, Joachaz, Joas, Jerobeam, Menahem, Peqachja, Hosea von Israel. Korrigiert sind demnach von den judäischen Königen nur Josaphat, von denen Israels Jerobeam I., Ahab, Joram und Peqach, Korrekturen, die sich aus dem Mißverständnis der Mitregentschaft ergaben.

Von den Synchronismen stimmen folgende:

Antr. Abia	= 18. J. Jerobeams	I Reg	15 1
Antr. Asa	= 20. J. Jerobeams		15 9
2. J. Asa	= Antr. Nadab		15 25
3. J. Asa	= Antr. Baesa		15 28. 33
26. J. Asa	= Antr. Ela		16 8
27. J. Asa	= Elas Tod		16 15
31. J. Asa	= Antr. Omri		16 23
38. J. Asa	= Antr. Ahab		16 29
Antr. Josaphat	= 4. J.Ahabs		22 41
17. J. Josaphat	= Antr. Ahasja		22 52
18. J. Josaphat	= Antr. Joram	II Reg	3 1
2. J. Joram	= Antr. Joram		1 17
Antr. Joram	= 5. J. Joram		8 16
23. J. Joas	= Antr. Joachaz		13 1
Antr. Amasja	= 2. J. Joas		14 1
15. J. Amasja	= Antr. Jerobeam II.		14 23
Amasja überlebt Joas um 15 Jahre			14 17
50. J. Asarja	= Antr. Peqachja		15 23
52. J. Asarja	= Antr. Peqach		15 27

vielleicht auch

12. J. Ahas	= Antr. Hosea	II Reg	17 1
Antr. Hiskia	= 3. J. Hosea		18 1
4. J. Hiskia	= 7. J. Hosea		18 9
6. J. Hiskia	= 9. J. Hosea		18 10

also insgesamt 19, vielleicht 23 Synchronismen.

Dazu aus LXX:

39. J. Joas	= Antr. Joas	13 10
Antr. Asarja	= 15. J. Jerobeam	15 1

Korrigiert sind dagegen:

II Reg 8 25 // 9 29 im Zusammenhang mit den 12 Jahren Jorams
(statt der ursprünglichen 7 Jahre)

12 2	Antr. Joas	= 7. J. Jehu	(statt 6. J.)
13 10	37. J. Joas	= Antr. Joas	(statt 39. J.)
15 1	Antr. Asarja	= 27. J. Jerobeam	(statt 15. J.)
15 8	38. J. Asarja	= Antr. Sacharja	(statt 41. J.)
15 13	39. J. Asarja	= Antr. Sallum	(statt 41. J.)
15 17	39. J. Asarja	= Antr. Menahem	(statt 41. J.)
15 32	Antr. Jotham	= 2. J. Peqach	
15 30	20. J. Jotham	= Antr. Hosea	
16 1	Antr. Ahas	= 17. J. Peqach	

im ganzen also 11 Synchronismen, deren Entstehung (vor allem aus dem Mißverständnis der Mitregentschaften) verständlich gemacht werden kann[38].

Mir scheint, daß damit die Tradition in hohem Maße als zuverlässig anerkannt ist, aber auch auf der anderen Seite anerkannt wird, daß bereits im masoretischen Text auf Mißdeutungen und Berechnungen beruhende Korrekturen sich finden, die dann in der späteren Überlieferung, den Übersetzungen und bei Josephus noch weiter um sich griffen. Auch diese Korrekturen als ursprüngliche Tradition nachweisen zu wollen, unter der Voraussetzung der »variations of procedure« (s. o. S. 14), scheint mir kaum möglich. Für BEGRICHS Rekonstruktion der israelitisch-judäischen Chronologie spricht eben ihre Einheitlichkeit und die methodische Auswertung der Tradition, die gleich weit von Willkür, wie von einer sklavischen Bindung an sie entfernt ist. Gewiß bleiben Unsicherheiten; was wir zur Zeit erreichen können, ist ein Ablauf, der die Tradition ernst nimmt und sich den sicheren Daten der Umwelt zwanglos einfügt.

---

[38] Vgl. meinen Versuch, Quellen, S. 48ff., der jetzt in manchem vereinfacht werden könnte.

AUSGEWÄHLTE LITERATUR ZUR ISRAELITISCH-JUDÄISCHEN CHRONOLOGIE

F. X. Kugler, Von Moses bis Paulus, 1922.

J. Lewy, Die Chronologie der Könige von Israel und Juda, 1927.

J. Begrich, Die Chronologie der Könige von Israel und Juda, 1929.

S. Mowinckel, Die Chronologie der israelitischen und jüdischen Könige, Acta Orientalia 10, 1932, S. 161—277.

W. F. Albright, The Chronology of the Divided Monarchy of Israel, BASOR 100, 1945, S. 16—22.

—, New Light from Egypt on the Chronology and History of Israel and Juda, BASOR 130, 1953, S. 4—11.

—, The Nebuchadnezzar and Neriglissar Chronicles, BASOR 143, 1956, S. 28—33.

P. van der Meer, The ancient Chronology of Western Asia and Egypt, 1947.

E. R. Thiele, The Mysterious Numbers of the Hebrew Kings, 1951.

—, A Comparison of the chronological data of Israel and Judah, VT IV, 1954, S. 185 bis 195.

—, New Evidence on the Chronology of the last Kings of Judah, BASOR 143, 1956, S. 22—27.

A. Jepsen, Die Quellen des Königsbuches, 1956².

M. B. Rowton, The Date of the Founding of Solomon's Temple, BASOR 119, 1950, 20—23.

E. Vogt, Die neubabylonische Chronik über die Schlacht bei Karkemisch und die Einnahme von Jerusalem, VT Suppl. IV, 1957, S. 67—96.

E. Auerbach, Der Wechsel des Jahres-Anfangs in Juda im Lichte der neugefundenen Babylonischen Chronik, VT IX, 1959, S. 113—121.

M. Noth, Die Einnahme von Jerusalem im Jahre 597 v. Chr. ZDPV 74, 1958, S. 133 bis 157.

E. Kutsch, Zur Chronologie der letzten judäischen Könige (Josia bis Zedekia) ZAW 71, 1959, S. 270—274.

C. Schedl, Textkritische Bemerkungen zu den Synchronismen der Könige von Israel und Juda, VT XII, 1962, S. 88—119.

—, Nochmals das Jahr der Zerstörung Jerusalems, 587 oder 586 v. Chr. ZAW 74, 1962, S. 209—213.

ROBERT HANHART

ZUR ZEITRECHNUNG
DES I UND II MAKKABÄERBUCHES

PROF. WALTER BAUMGARTNER

zum 75. Geburtstag

am 24. November 1962

INHALT

ABKÜRZUNGEN

GRIMM   = C. L. W. GRIMM, Kurzgefaßtes exegetisches Handbuch zu den Apokryphen 3, Das erste Buch der Maccabäer, Leipzig 1853.

NIESE   = B. NIESE, Kritik der beiden Makkabäerbücher nebst Beiträgen zur Geschichte der Makkabäischen Erhebung, Hermes 35 (1900) 268—307, 453—527.

WELLHAUSEN   = J. WELLHAUSEN, Über den geschichtlichen Wert des zweiten Makkabäerbuches im Verhältnis zum ersten. NGG 1905, S. 117 ff.

ED. MEYER   = ED. MEYER, Ursprung und Anfänge des Christentums II, 1921.

KUGLER   = F. X. KUGLER, Von Moses bis Paulus, Münster 1922.

KOLBE   = W. KOLBE, Beiträge zur syrischen und jüdischen Geschichte, BWAT, NF 10, 1926.

SEELIGMANN   = I. L. SEELIGMANN, The Septuagint Version of Isaiah, Leiden 1948.

SACHS-WISEMAN   = A. J. SACHS und D. J. WISEMAN, A Babylonian King List of the Hellenistic Period, Iraq 16 (1954) 202—211.

SCHAUMBERGER   = J. SCHAUMBERGER, Die neue Seleukidenliste BM 35603 und die makkabäische Chronologie, Biblica 36 (1955) 423—435.

PARKER-DUBBERSTEIN   = R. A. PARKER und W. H. DUBBERSTEIN, Babylonian Chronology 626 B. C. — A. D. 75, Brown University Studies 19, 1956.

S. Ä.   = Seleukiden-Ära.

Historia quidem actionum humanarum est anima,
historiae autem temporum notatio (Joseph Scaliger)

I. VORBEREITUNG

1. Ausgrenzung der Datierungsmöglichkeiten auf chronologischer Grundlage

Die im Jahre 1954 zum ersten Mal veröffentlichte Seleukiden-liste[1] hat für die Zeit der Makkabäerkriege ein Gerüst absoluter Zeit-rechnung offengelegt, in dessen Licht die Darstellung der Ereignisse in den innerjüdischen Quellen einer neuen Überprüfung bedurfte.

Im Jahre 137 der Seleukidenära, im 6. Monat — es ist der Monat, an dessen 10. Tage Seleukos IV. gestorben war — tritt Antiochos IV. seine Regierung an. Vom 8. Monat desselben Jahres an teilt er seine Königsherrschaft mit seinem Sohne[1a] Antiochos, der nach kaum fünf-jähriger gemeinsamer Regierung, im 5. Monat des Jahres 142 der Seleukidenära, auf Befehl seines Vaters getötet wird. Nach einer Re-gierungszeit von 11 Jahren — das ist im Jahre 148 der Seleukiden-ära[2] —, im 9. Monat, verbreitet sich in Babylon die Kunde von Antio-chos' IV. Tod[3].

Diese Ereignisse sind nach der babylonischen Seleukidenära da-tiert, die mit dem ersten Nisan des Jahres 311 beginnt. Sie lassen sich dank der sicheren Kenntnis, die wir von der babylonischen Jahresein-teilung besitzen, auf den Tag genau in die absolute Zeitrechnung um-setzen[4].

---

[1] British Museum 35603, erworben 1880, zum ersten Mal herausgegeben 1954 von SACHS-WISEMAN; vgl. SCHAUMBERGER.

[1a] A-šú; vgl. Anm. 51.

[2] Das Seleukidenjahr ist in der Liste nicht mehr erhalten. Es ist aber auf Grund der vollständig erhaltenen Angabe der Regierungszeit anderer Könige mit restloser Sicherheit feststellbar. Z. B. beim Vorgänger, Seleukos IV., wird das Jahr des Regie-rungsantritts mit 125 S. Ä., das Todesjahr mit 137 S. Ä., die Zahl der Regierungsjahre mit 12 angegeben. Diese Zahlangabe ist nach der in Babylonien allgemein üblichen Zählungsweise postdatierend zu verstehen: Das erste Regierungsjahr ist das erste volle Jahr; das Todesjahr wird dem Herrscher voll angerechnet. Die 11 Regierungsjahre Antiochos' IV. sind die Jahre 138—148 S. Ä. bzw. 174—164 v. Chr. Vgl. KOLBE S. 10.

[3] Seleukidenliste, verso 10—15; SACHS-WISEMAN S. 204, vgl. 208f.

[4] Wir geben die Umrechnungsdaten nach der Berechnung von PARKER-DUB-BERSTEIN.

Der Regierungsantritt Antiochos' IV. fällt in die Zeit vom 3. September bis zum 22. September 175 v. Chr.; die Einsetzung seines Sohnes[1a] als Mitregent in die Zeit vom 23. Oktober bis zum 20. November desselben Jahres; der gewaltsame Tod seines Sohnes in die Zeit vom 31. Juli bis zum 28. August 170 v. Chr. Die Kunde vom Tod Antiochos' IV. fällt in die Zeit vom 20. November bis zum 18. Dezember des Jahres 164 v. Chr.

Läßt sich auf Grund dieser Daten die immer noch offene Frage beantworten, welche Seleukidenära der Zeitrechnung des I und II Macc.-buches zugrunde liegt? Ist es — das sind die vier einzigen ernsthaft in Frage stehenden Möglichkeiten — (1) die im syrischen Teil des Seleukidenreiches in öffentlicher Geltung stehende Seleukidenära, die im Herbst, dem 1. Tisri, des Jahres 312 begann? Ist es die Ära, die von diesem Datum ausgehend, jüdischer Jahresrechnung entsprechend, den Jahresanfang in den Frühling, den 1. Nisan, verlegt? Geschah diese Verlegung (2) in den nächstvorangehenden Frühling, den 1. Nisan 312, oder (3) in den nächstfolgenden, den 1. Nisan 311, so daß die jüdische Rechnung mit der in der Seleukidenliste vorausgesetzten babylonischen übereinstimmte?[5] Oder muß (4) in der Zeitrechnung des I und II Macc.buches mit zwei Seleukidenären gerechnet werden, der einen für die Ereignisse der Profangeschichte, die entsprechend der syrisch-makedonischen Ära im Herbst 312 begann, der andern für die kirchengeschichtlichen Ereignisse in Judäa, die den Jahresanfang in den Frühling setzte?[6]

---

[5] Eine Ansetzung auf den Herbst 311, die noch IDELER zurückgehend auf SCALIGER für die babylonische und die jüdische Seleukidenära des II Macc.buches befürwortet hatte (Handbuch der Chronologie, 1825/26, I S. 531ff.; vgl. auch GRIMM S. 11f.), ist seit EPPING und KUGLER S. 303 für die babylonische Seleukidenära als unhaltbar erwiesen und damit auch, da ein empirischer Ausgangspunkt nicht mehr gegeben ist, für die jüdische Seleukidenära ausgeschlossen. IDELERS (und GRIMMS) Inanspruchnahme der Herbstära 311 für das II Macc.buch war nicht mehr als der erste vordergründige Versuch, die offensichtlichen Verschiedenheiten in den Datierungen des I und des II Macc.buches zu beheben. Mit der Annahme einer jüdischen Seleukidenära des I Macc.buches, die im Herbst 313 begann, steht S. ZEITLIN (Megillat Taanit as a source for Jewish Chronology, JQR, NS 9 [1918—19] 71ff.; [1919—20] 49ff. 237ff.) auch im Urteil über die Chronologie der Macc.bücher allein.

[6] Die Begriffe »Profangeschichte« und »Kirchengeschichte« müssen in diesem Zusammenhang natürlich rein von der geschichtlichen Lage her verstanden und in ihrem Bedeutungsgehalt bestimmt werden, d. h. unter Absehen von der Frage nach dem geistesgeschichtlichen Ort ihrer Entstehung als historiographische Unterscheidung der historia sacra oder ecclesiastica von der historia profana oder politica (dazu vgl. A. KLEMPT, Die Säkularisierung der universalhistorischen Auffassung, Göttingen 1960). Die geschichtliche Voraussetzung für diese Unterscheidung war gegeben, seit Israel aufhörte, ein selbständiger Staat zu sein, und seinen Charakter als auserwähltes Volk nur noch in durchgreifender geistiger und institutioneller Abgrenzung seiner Geschichte

Der Regierungsantritt Antiochos' IV. wird im I Macc.buch wie in der Seleukidenliste in das Jahr 137 der S. Ä. gesetzt (1 10). Da er nach der Seleukidenliste im 6. Monat, nach seinem 10. Tage, eingetreten sein muß — das ist in der Zeit zwischen dem 3. und dem 22. September 175 v. Chr. —, könnte er nicht in das Jahr 137 einer Seleukidenära fallen, die mit dem Frühling 312 v. Chr. beginnt; diese erste, früher weithin befürwortete Möglichkeit entfällt für die Zeitrechnung des I Macc.buches in Ereignissen, die der Profangeschichte angehören.

Der Tod Antiochos' IV., der nach dem Zeugnis der Seleukidenliste noch im 9. Monat des Jahres 148 S. Ä. ruchbar wurde — das ist vor dem 19. Dezember des Jahres 164 v. Chr. —, kann im I Macc.buch, das ihn ins Jahr 149 S. Ä. setzt (6 16), nicht nach einer Ära berechnet sein, die mit dem Frühling 311 beginnt, und damit ist auch die dritte Möglichkeit, die seit der Untersuchung W. KOLBES[7], der als letzter diese Probleme eingehend erörtert hat, am weitesten verbreitet war, für die Ansetzung der profangeschichtlichen Ereignisse im I Macc.buch als unhaltbar erwiesen.

Die Datierung der Ereignisse unter dem Nachfolger Antiochos' IV., seinem Sohne Antiochos V. Eupator, in den beiden Macc.büchern — die Seleukidenliste ist hier bis auf wenige Buchstaben zerstört[8] —, schränkt die noch offenen Möglichkeiten weiter ein: Die Belagerung der Akra durch Judas Makkabäus wird vom I Macc.buch ins Jahr 150 S. Ä. gesetzt (6 20), der Einbruch Antiochos' V. in Judäa, der unmittel-

---

und seiner Gesetze gegen das übergeordnete Staatswesen bewahren konnte. Sie war von diesem Zeitpunkt an in einer Weise gegeben, daß auch die bewußte Abgrenzung in der Zeitrechnung durchaus in der Linie seiner geistesgeschichtlichen Entwicklung lag. Sie war auch für die Formung dieser Begriffe selbst spätestens von dem Zeitpunkt an gegeben, als die christliche Kirche im Werk Eusebs als das wahre Israel zum Gegenstand der Geschichtsschreibung geworden war, und als selbständiger Teil der Weltchronik »sich kaum anders als nur äußerlich von ihr losgelöst hatte (und) unter den Gesichtspunkten antiker Historiographie dargestellt wurde als die Geschichte des alle übrigen Völker durch Herkunft und in allen sonstigen Titeln historischen Ruhmes überragenden Christenvolkes« (FRANZ OVERBECK, Über die Anfänge der Kirchengeschichtsschreibung, Basel 1892).

[7] Vgl. Anm. 2. Vor allem S. 22 ff. Vgl. K. GALLING BRL, Sp. 313.

[8] Die letzte, in einigen Buchstaben noch erhaltene, Zeile wird von SACHS-WISEMAN (S. 209) »De(metrios), Sohn des De(metrios) und Ar(sakes) der König« gelesen (vgl. A. AYMARD, Du Nouveau sur la Chronologie des Séleucides, Revue des Etudes anciennes 57 (1955), S. 102 ff., 103). Damit kann kaum etwas anderes gemeint sein, als der Medienzug Demetrios' II. um 140 v. Chr. (vgl. S. 96), auf welchem er in parthische Gefangenschaft geriet (I Macc 14 1-3). Es ist zu beachten, daß auch die Seleukidenliste mit fast sämtlichen Quellen Arsakes nennt und nicht Mithridates (I.), wie nach dem Zeugnis Justins zu erwarten wäre (vgl. SCHÜRER, Geschichte des jüdischen Volkes, I. S. 253 Anm. 24). Ist Arsakes auch nach der Seleukidenliste Gemeinschaftsname für alle Arsakiden?

bar darauf folgte, vom II Macc.buch ins Jahr 149 S. Ä. (13 1). Das
kann, setzt man die historische Richtigkeit dieser beiden Daten voraus,
nur mit der Annahme zweier verschiedener Seleukidenären erklärt
werden: auch die zweite Möglichkeit, die durchgängige Rechnung mit
einer Seleukidenära, die im Herbst 312 begann, scheidet aus.

Wie unterscheiden sich die beiden Ären? Rechnet (1) das I Macc.-
buch durchgängig mit der einen, das II Macc.buch mit der andern?
Diese Möglichkeit könnte, da so die Ära, die im Herbst 312 beginnt,
für I Macc. gesichert wäre, nur dann bestehen, wenn II Macc. mit
einer im Frühling 311 beginnenden Ära rechnete. Denn nur auf diese
Weise käme die Überschneidung zustande, die es möglich machte, daß
das in II Macc 13 1 erzählte Ereignis der S. Ä. 149 zeitlich auf das in
I Macc 6 20 erzählte der S. Ä. 150 folgt. Die Belagerung der Akra und
der Einbruch Antiochos' V. müssen dann in dem halben Jahre zwischen
Herbst 163 und Frühling 162 geschehen sein.

Oder unterscheidet (2) das I Macc.buch zwischen profangeschichtlichen Ereignissen, welche es mit der syrisch-makedonischen Seleukidenära datiert, die im Herbst 312 beginnt, und innerjudäischen
»kirchengeschichtlichen« Ereignissen, zu denen auch die Belagerung
der Akra gehörte, für welche es der jüdischen Jahresrechnung entsprechend eine Seleukidenära anwendete, die im Frühling begann?
In diesem Falle könnte für die kirchengeschichtlichen Ereignisse nur
die mit dem Frühling 312 beginnende Ära in Frage kommen, weil sich
nur auf diese Weise die für die Folge der vorgenannten beiden Ereignisse notwendige Überschneidung erreichen ließe. Für die Rechnung
des II Macc.buches bliebe dann nur die Seleukidenära, die im Herbst
312 begann, übrig. Denn die chronologisch zwar mögliche Rechnung
mit der Frühling 311 beginnenden Ära bleibt aus dem Grunde ausgeschlossen, weil das Nebeneinanderbestehen einer Frühlingsära 312
und einer Frühlingsära 311 im jüdischen Staat der historischen Erklärung der Frühlingsära als Angleichung an die jüdische Jahresrechnung widerspräche: Man ging von der offiziellen Ära, dem Herbst
312, aus und wählte zwischen den beiden naheliegendsten Möglichkeiten, entweder dem Frühling 312, oder dem Frühling 311. Als Zeitraum, innerhalb dessen die Belagerung der Akra und der Einbruch
Antiochos' V. erfolgt sein müssen, ergäbe sich so das halbe Jahr
zwischen Frühling und Herbst 163.

Noch eine dritte Möglichkeit bleibt offen: Die Belagerung der
Akra durch Judas Makkabäus konnte vom Verfasser des I Macc.-
buches als kriegerische Handlung gegen den seleukidischen Oberherrn
profangeschichtlich verstanden und dementsprechend in die syrisch-
makedonische Seleukidenära eingeordnet werden im Unterschied zu
Ereignissen, die ausgesprochen innerjüdisch-kirchlichen, das Heiligtum
des Tempels betreffenden Charakter trugen, für welche die Frühlings-

ära vorgesehen war. Diese Frühlingsära, die im Frühling 311 v. Chr. beginnen müßte, wäre vom Verfasser des II Macc.buches — vielleicht weil er sich an die Judenschaft der hellenistischen Diaspora wandte, der die Verhältnisse des syrisch-makedonischen Reiches ferner lagen — für Datierungen jeder Art, im vorliegenden Fall auch für den Einbruch Antiochos' V. in Judäa, verwendet worden.

Der vorbereitende Vergleich der Daten im I und II Macc.buch, die sich zu den chronologischen Ergebnissen der Seleukidenliste in Beziehung bringen lassen, hat die Nowendigkeit der Annahme einer doppelten Seleukidenära ergeben und innerhalb dieser Notwendigkeit drei Möglichkeiten ihrer relativen Ansetzung.

Im I Macc.buch ist für die profangeschichtlichen Ereignisse die Datierung nach der Herbstära 312 gesichert, für die kirchengeschichtlichen Ereignisse bleiben alle drei Möglichkeiten, Herbstära 312, Frühlingsära 312, Frühlingsära 311, offen. In den erzählenden Teilen des II Macc.buches — die Briefe in den Kapiteln 1 und 11 bilden ein Problem für sich — muß mit der Herbstära 312 gerechnet werden, wenn für die kirchengeschichtlichen Ereignisse im I Macc.buch die Frühlingsära 312 angenommen wird, und mit der Frühlingsära 311, wenn das I Macc.buch in kirchengeschichtlichen Ereignissen mit der Frühlingsära 311, oder wenn es durchgehend mit der Herbstära 312 rechnet. Wird für das II Macc.buch die Herbstära 312 angenommen, so muß die Frage, ob auch das II Macc.buch eine Frühlingsrechnung für kirchengeschichtliche Ereignisse kannte, offen bleiben.

2. Ausgrenzung der Datierungsmöglichkeiten auf historischer Grundlage

Haben sich die jetzt noch offenen drei Möglichkeiten aus rein chronologischer Überlegung ergeben, aus dem durch die Seleukidenliste gesicherten Fixpunkt der Datierung profangeschichtlicher Ereignisse im I Macc.buch nach der Herbstära 312 und aus der durch die Datierungen im I und II Macc.buch nach der Ereignisfolge notwendigen Überschneidung der Jahre, so führt eine historische Überlegung mit der gleichen Notwendigkeit einen Schritt weiter:

Die Ankunft des Alexander Balas in Ptolemais fällt nach I Macc 10 1 in das Jahr 160 S. Ä.; das ist — für dieses profangeschichtliche Ereignis ist das eindeutig — das Jahr vom Herbst 153 bis zum Herbst 152. Die Bekleidung Jonathans mit der Hohenpriesterwürde, die einige Zeit hernach, nach Alexanders Machtgewinn in Judäa, eintrat, wird vom I Macc.buch ins Jahr 160 S. Ä. in den 7. Monat in die Zeit des Laubhüttenfestes — das ist die Zeit vom 15. bis zum 21. Tisri — gesetzt (10 21). Wenn das I Macc.buch die profangeschichtlichen Ereignisse nach der Herbstära datiert, die kirchengeschicht-

lichen aber nach der Frühlingsära, dann muß der Antritt der Hohenpriesterschaft durch Jonathan nach der Frühlingsära berechnet sein.

Ist es die Frühlingsära, die im Frühling 312 beginnt, mußte dieses
Ereignis ins Laubhüttenfest des Jahres 153 v. Chr. — das ist die Zeit
vom 4. bis zum 10. Oktober — fallen[9]. Das ist ausgeschlossen, da in
den Zeitraum zwischen der Ankunft des Alexander Balas, die nach
eindeutiger Datierung nicht vor Beginn des Herbstjahrs 153/52 geschehen sein kann, — das heißt nicht vor dem 20. September 153
v. Chr. —, und dem Antritt der Hohenpriesterschaft durch Jonathan
eine Fülle an Ereignissen fällt, die mindestens einige Monate in Anspruch genommen haben müssen: Alexander Balas tritt als König auf
(I Macc 10 1). Der Gegenkönig Demetrios I. bemüht sich um die
Freundschaft der Juden (2-7). Die Juden befestigen Jerusalem (8-14).
Alexander macht den Juden Anerbietungen (15-20). Jonathan schwenkt
ein und legt am Laubhüttenfest das hohepriesterliche Gewand an (21).

Das konnte nicht in zwei Wochen geschehen[10]. Auch die fern-
liegende Möglichkeit, auf Grund davon, daß wir die Schaltpraxis der
syrisch-makedonischen und der jüdischen Jahresrechnung nicht genau
kennen[11], diesen Zeitraum um einen Monat zu verlängern, hülfe hier
nicht weiter. Das Laubhüttenfest, von welchem hier die Rede ist, muß

---

[9] Um eine sichere Datierungsbasis zu haben, gebe ich alle Tagesdaten, auch die
des syrisch-makedonischen und des jüdischen Jahres nach PARKER-DUBBERSTEINS
Berechnung der Monate des babylonischen Jahres. Da wir nur bei der babylonischen
Jahreseinteilung sowohl die Schaltpraxis als auch den Wechsel der Dauer der Mondmonate zwischen 29 und 30 Tagen genau kennen, bei der jüdischen Rechnung aber
empirische Festsetzung der Mondmonate annehmen müssen (vgl. J. JEREMIAS, Die
Abendmahlsworte Jesu, 3. Aufl., Göttingen 1960, S. 31) und bei jüdischer und syrisch-
makedonischer Rechnung die Schaltpraxis nicht kennen, wird man im Folgenden nur
die Umrechnung der babylonischen Daten als restlos sicher annehmen dürfen, bei den
jüdischen und syrisch-makedonischen Daten aber einerseits mit der Möglichkeit einer
Verschiebung um ein bis zwei Tage auf Grund verschiedener Ansetzung des Monats-
beginns rechnen müssen, andererseits mit der Möglichkeit der Verschiebung um einen
Monat auf Grund verschiedener Schaltpraxis. Es empfiehlt sich dennoch, auch bei
diesen beiden Rechnungen von der einzig sicheren babylonischen auszugehen, weil sich
von hier aus die Möglichkeit der Verschiebung in jeweils genau berechenbaren Grenzen
hält. Außerdem liegt bis jetzt auch kein Beweis dafür vor, daß die jüdischen Monate
nicht mit den gleichnamigen babylonischen zusammenfielen. Im Folgenden wird bei
jüdischen und syrisch-makedonischen Daten nur noch in besonders wichtigen Fällen
an die jeweils mögliche Verschiebung erinnert.

[10] Vgl. die Diskussion dieses Sachverhalts bei J. JEREMIAS, Jerusalem zur Zeit
Jesu, 2. Aufl., Göttingen 1958, II B, S. 43 f., wo noch von der seither durch das genauere
Antrittsdatum Antiochos' IV. in der Seleukidenliste (vgl. S. 57) ausgeschlossenen Möglichkeit einer durchgehenden Datierung nach dem Frühling 312 im I Macc.buch ausge-
gangen wird. Der historische Sachverhalt bleibt der gleiche. Vgl. jetzt 3. Aufl., 1963, S. 207.

[11] Vgl. Anm. 9.

zwischen Herbst 163 und Frühling 162 v. Chr., genauer zwischen dem
10. Oktober 163 und dem 4. April 162 v. Chr.[25]. Wenn das I Macc.buch
— diese Möglichkeit bleibt immer noch offen — in kirchengeschichtlichen Ereignissen mit der Frühlingsära 311 rechnet, dann weist es
ein Ereignis wie das vorliegende, die Belagerung der Akra durch Judas
Makkabäus, dem profangeschichtlichen Bereiche zu.

Drei Jahre nach dem Machtantritt Antiochos' V. nach dem Zeugnis
des II Macc.buches (μετὰ δὲ τριετῆ χρόνον 14 1)[26], im Jahre 151 S. Ä.
nach dem Zeugnis des ersten (7 1), kommt Demetrios I. aus römischer
Geiselhaft nach Syrien, tötet Antiochos V. und Lysias und bemächtigt
sich der Herrschaft (I Macc 7 1-4 II Macc 14 1-2): das ist nach der
syrisch-makedonischen Rechnung des I Macc.buches das Jahr vom
29. September 162 bis zum 16. Oktober 161 v. Chr. Wenn das II Macc.-
buch die anschließend berichtete Begegnung zwischen Alkimos und
Demetrios I. und den ihr unmittelbar folgenden Feldzug des Nikanor
(I Macc 7 5-50 II Macc 14 3—15 39) in das Jahr 151 S. Ä. setzt (II Macc
14 4), so muß damit nach der jüdischen Frühlingsrechnung des II Macc.-
buches das Jahr, das vom 25. März 161 bis zum 12. April 160 v. Chr.
dauert, gemeint sein. Das bedeutet aber, daß der 13. Adar, der sowohl
im I als auch im II Macc.buch als Todestag Nikanors überliefert ist

---

[25] Es ist die Zeit, in welcher der Ausfall der Ernte infolge des vom Herbst 164
bis zum Herbst 163 dauernden Sabbatjahres seine stärkste Auswirkung haben mußte.
I Macc 6 53 bezeugt, daß man während des Feldzuges wegen des Sabbatjahres unter
Lebensmittelknappheit litt (vgl. J. JEREMIAS, Jerusalem zur Zeit Jesu II B, S. 42,
Anm. 2). Wenn es wahr ist, was man mit guten Gründen vermutet hat (J. JEREMIAS
a. a. O.), daß sich die Angaben für den 28. Shebat und für den 28. Adar in der als Ge-
schichtsquelle wertvollen Fastenrolle (ed. AD. NEUBAUER Anecd. Ox., Semit. Series I 4,
tom. II, 1895, S. 3ff., 18 und 22) auf die hier erzählten Vorgänge beziehen, dann fiel
der Abzug Antiochos' V. von Jerusalem (I Macc 6 63) auf den 5. März (= 28. Shebat),
die Gewährung der Gesetzesfreiheit auf den 3. April (= 28. Adar) des Jahres 162 v. Chr.
Da wir aber die Briefe in II Macc 11 entsprechend ihren Datierungen auf einen Friedensschluß und anschließende Gewährung von Gesetzesfreiheit nach dem ersten Lysiaszug
noch unter der Regierung Antiochos' IV. bezogen haben (vgl. S. 66), liegt es für uns
näher, das zweite Datum der Fastenrolle auf diesen Vorgang des Jahres 164 v. Chr. zu
beziehen. Der 28. Adar dieses Jahres fiele etwa auf den 24. März, ein Datum, das vor-
züglich zu dem der die Gewährung der Gesetzesfreiheit unmittelbar vorbereitenden
Briefe paßte, das wir ungefähr auf den 11. März berechnet haben. Vgl. S. 82 und 93.

[26] Nur auf den Regierungswechsel (II Macc 10 10) und nicht auf den zwar datierten
zweiten Lysiaszug (13 1) kann diese relative Zeitangabe den zeitlichen Verhältnissen
entsprechend bezogen werden. Es ist auch durchaus naheliegend, daß die Ankunft
Demetrios' I. nach der Regierungszeit seines Vorgängers chronologisch bestimmt wird.
Wir hatten auch die entsprechende Jahresangabe in II Macc 4 23 als auf den Regierungsantritt Antiochos' IV. (4 7) bezogen verstanden (Anm. 14). Die Angabe von 14 1 bestätigt die Richtigkeit jener Annahme. Nur auf diese Weise werden wir an beiden
Stellen den zeitlichen Verhältnissen gerecht.

das in den Herbst des Jahres 152 fallende gewesen sein. Damit entfällt
für das I Macc.buch die Möglichkeit einer Rechnung mit der Frühlingsära 312 in kirchengeschichtlichen Ereignissen. Aus dieser Tatsache wiederum folgt notwendig, daß das II Macc.buch mit der Frühlingsära 311 rechnet. Die einzige Frage, die jetzt noch offen ist, ist die
Frage, ob das I Macc.buch durchgehend mit der Herbstära 312
rechnet, oder ob in ihm eine doppelte Jahresrechnung, nach der Herbstära 312 für profangeschichtliche Ereignisse und nach der Frühlingsära
311 für kirchengeschichtliche, angenommen werden muß.

Man könnte hier einwenden, daß das gleiche Argument, das in der vorangehenden
Erörterung gegen die Möglichkeit einer Rechnung mit einer Frühlingsära 312 im
I Macc.buch beigebracht worden ist, in diesem Fall auch für die Herbstära 312 gelte,
da ja auch nach ihr der Monat Tisri des Jahres 160 S. Ä. in den Herbst des Jahres 153
falle, und daß damit die Annahme einer Frühlingsära 311 für kirchengeschichtliche
Ereignisse im I Macc.buch unumgänglich sei. Aber hier muß die Tatsache in Rechnung
gesetzt werden, daß uns die Schaltpraxis des syrisch-makedonischen Herbstjahres wie
auch des jüdischen Frühlingsjahres unbekannt ist. Wir wissen nicht mit Sicherheit, ob
der Monat Tisri der jüdischen Jahreseinteilung zeitlich mit dem Anfangsmonat (Dios)
des syrisch-makedonischen Jahres zusammenfiel, oder ob er infolge einer anderen
Schaltung um einen Monat früher oder später eintrat. Daher bleibt die Möglichkeit
offen, daß mit dem in I Macc 10 21 genannten 7. Monat des Jahres 160 S. Ä. der Herbst-
monat des Jahres 152 v. Chr. gemeint ist, auch wenn mit der syrisch-makedonischen
Herbstära 312 gerechnet wird.

Die Möglichkeit ist fernliegend, und wenn sich auf Grund der
übrigen Daten kein zwingender Schluß erreichen läßt, dann sprechen
die hier vorliegenden zeitlichen Verhältnisse eher dafür, daß das
I Macc.buch in kirchengeschichtlichen Ereignissen mit der Frühlingsära 311 rechnet. Aber als Argument für eine Entscheidung dürfen
diese Daten nicht verwendet werden. Und wenn die Prüfung der
übrigen Daten zum zwingenden Schluß führen sollte, daß das I Macc.-
buch durchgehend mit der Herbstära 312 rechnet, dann darf umgekehrt von dieser Stelle her ein Schluß auf die bis dahin unbekannte
syrisch-makedonische und jüdische Schaltpraxis gezogen werden.
Vorderhand müssen wir mit ED. MEYER[12] hypothetisch formulieren,
daß, »wenn die Angabe (sc. I Macc 10 21) korrekt ist (wir würden in
unserem Sinne besser sagen: wenn sie die Herbstära 312 voraussetzt),
das seleukidische Neujahr (am 1. Dios?) im Herbst erst nachher (d. h.
nach dem Tisri der Juden) eingetreten« sein muß.
Die noch offene Frage, nach welcher Seleukidenära das I Macc.-
buch die kirchengeschichtlichen Ereignisse datiere, nach der syrisch-
makedonischen, die im Herbst 312, oder nach der jüdischen, die im
Frühling 311 beginnt, und wie je nach der Entscheidung die einzelnen
Ereignisse in ihrer ursächlichen Beziehung zu verstehen seien, kann

---

[12] S. 255 Anm. 3.

weder auf dem Wege rein chronologischen Vergleichs der bezeugten Daten noch auf Grund eines zwingenden historischen Schlusses gelöst werden. Sie kann nur noch auf Grund einer Prüfung der überlieferten Ereignisse auf ihre wahrscheinliche Dauer und ihre mögliche innere Abhängigkeit einer Lösung näher gebracht werden. Das kann nur mit der Ereignisfolge vom Machtantritt Antiochos' IV. bis zum Tode des Alkimos geschehen, die uns in ihren wesentlichsten Teilen vom I und vom II Macc.buch gemeinsam berichtet wird (I Macc 1 10—9 73 und II Macc 4 7—15 39), während die Geschichte von der Ankunft des Alexander Balas bis zum Tode Simons, die nur vom I Macc.buch berichtet wird (10 1—16 24), und die daher diesen Vergleich nicht zuläßt, erst von den Ergebnissen der Prüfung des gemeinsam berichteten Zeitabschnitts her aufgehellt werden kann.

Zwar wird auch dieser zweite Geschichtszusammenhang noch eine chronologische Vergleichsmöglichkeit bieten: Es ist die Beziehung zwischen dem Briefdatum in II Macc 1 7 (169 S. Ä.) und der in I Macc 13 41-42 berichteten Einführung des Jahres Simons (170 S. Ä.). Da es aber einerseits nicht a priori als ausgemacht gelten darf, daß die Briefe im II Macc.buch nach der gleichen Jahresrechnung datiert sind wie der geschichtliche Bericht, da anderseits das Jahr Simons als kirchengeschichtliches Jahr im I Macc.buch in seiner Datierung noch nicht festgelegt ist, bedarf auch dieser Datenbezug noch eines festen Ausgangspunktes, der vom Vergleich der gemeinsam berichteten Partien her gewonnen werden muß.

II. FRAGESTELLUNG

1. Analyse des Geschichtsstoffes

Um einen Ausgangspunkt für den nunmehr notwendigen historischen Vergleich zu gewinnen, fassen wir die Ereignisse des ersten, von beiden Büchern gemeinsam dargestellten Zeitraums in rohen Umrissen zusammen, in der Weise, daß wir die jeweilige Zeitspanne bei den durch unser bisheriges Ergebnis in ihrer Zeitrechnung gesicherten Daten genau festsetzen und ihr die Möglichkeiten des zeitlichen Bezugs in den noch zur Frage stehenden Daten gegenüberstellen, und daß wir die Ereignisfolge im I Macc.buch zugrunde legen und in ihrem Licht die Abweichungen des II Macc.buches erörtern.

Der ins Auge gefaßte Zeitraum umfaßt die Jahre 175 bis 157 v. Chr. Antiochos IV. tritt seine Königsherrschaft an im Jahre 137 S. Ä. (I Macc 1 10, vgl. II Macc 4 7) — das ist in der Zeit vom 3. Oktober 176 bis zum 22. September 175 v. Chr.; nach der Seleukidenliste wissen wir nun genauer: in der Zeit vom 3. bis zum 22. September 175[13]. In

---

[13] Die Behauptung E. BICKERMANNS (Der Gott der Makkabäer, Berlin 1937, S. 156): »Jedoch wurde nach ihm in Babylonien schon im Jahre 136 Sel. babyl., d. h.

die Anfangsjahre seiner Regierung fallen in Judäa die innerjüdischen Machtkämpfe um die rechtmäßige Hohepriesterschaft und um die Einführung des Hellenismus (I Macc 1 11-15 II Macc 4 7-50). Das II Macc.-buch setzt die Ablösung Jasons durch Menelaos drei Jahre nach dem Machtantritt Antiochos' IV. an (μετὰ δὲ τριετῆ χρόνον 4 23); das ist um das Jahr 172 v. Chr.[14]). Nachdem er seinen Sohn und Mitregenten Antiochos im August 170 hatte umbringen lassen[15], auf der Rückkehr von seinem zweiten (II Macc 5 1), siegreichen Ägyptenzug, im Jahre 143 S. Ä. (I Macc 1 20)[16], bricht Antiochos IV. mit seinem Heer in Jerusalem ein, beraubt den Tempel und kehrt nach Antiochia zurück (I Macc 1 16-28 II Macc 5 1-21).

---

im Frühlingsjahr 176/75 datiert« beruht auf einem Irrtum; s. PARKER-DUBBERSTEIN S. 23 Anm. 6.

[14] Nicht wie KOLBE (S. 102) meint, drei Jahre nach dem unmittelbar vorher berichteten Besuch Antiochos' IV. in Jerusalem nach der Großjährigkeitserklärung Ptolemaios' VI. (II Macc 4 21-22), die nach der Berechnung von KROGGEL (Beiträge zur Geschichte des IV. syrischen Krieges, Diss. Greifswald 1921, S. 20, vgl. KOLBE a. a. O.) in das Herbstjahr 172/71 fällt. Im II Macc.buch sind die Geschichtszusammenhänge nach den Regierungswechseln eingeteilt (10 9-10!) und die relativen Jahresangaben diesem Prinzip entsprechend auf sie bezogen. Vgl. Anm. 26. Da das II Macc.-buch bei relativen Jahresangaben nicht nur die vollen Jahre zählt (vgl. Anm. 36), ist die Ablösung Jasons durch Menelaos in die Zeit zwischen Herbst 172 (nach der Großjährigkeitserklärung Ptolemaios' VI.) und Frühling 171 zu setzen: von diesem Zeitpunkt an würde die Spanne bis zurück zum Regierungsantritt Antiochos' IV. (Herbst 175) mit vier Jahren angegeben.

[15] Seleukidenliste verso 12. Man hat die Mitregentschaft eines Sohnes namens Antiochos, die man aus astronomischen Keilinschriften erschloß (mit denen man irrigerweise eine Stelle im ersten Teil der nur armenisch erhaltenen eusebianischen Chronik [ed. SCHOENE, Berlin 1875, col. 253, vgl. GCS 20, J. KARST S. 119, Zeile 33—34] in Zusammenhang brachte [KUGLER S. 327f.]: hier ist die eineinhalbjährige Mitregentschaft Antiochos' V. am Ende von Antiochos' IV. Regierungszeit, wahrscheinlich seit der Zeit seines Persienzuges, gemeint), auf seinen Sohn und späteren Nachfolger Antiochos' V. Eupator beziehen wollen. Durch die Mitteilung seiner Hinrichtung in der Seleukidenliste ist diese Annahme als irrig erwiesen und jene Forscher haben Recht bekommen, die schon früher diese keilinschriftl. Belege mit den Zeugnissen Diodors (XXX 7, 2) und des Johannes Antiochenos (FHG IV, S. 558 Nr. 58) in Zusammenhang gebracht haben, nach welchen ein Sohn Seleukos' IV. auf Befehl Antiochos' IV. umgebracht worden ist (vor allem E. BIKERMANN, Institutions des Séleucides, Paris 1938, S. 19 und 218; vgl. W. BAUMGARTNER in ThR NF 11 [1939], S. 204). Vgl. S. 87ff.

[16] Dieser Feldzug, den das II Macc.buch eindeutig als den zweiten bezeichnet, ist seit NIESE S. 502—506, eindeutig auf den Sommer 169 v. Chr. festgelegt (vgl. KOLBE S. 34f.). KOLBE hat zuerst gesehen — und ist darin gegenüber NIESE im Recht —, daß ein vorangegangener erster Zug, dessen Existenz sich auch aus den Andeutungen bei Polybios (XXVIII, 1 und 17, 5-6—20, 1) Diodor (XXX 14ff.) und Livius (XLII 29) nicht weginterpretieren läßt, im II Macc.buch selbst zur Sprache kommt, in der Erwähnung der militärischen Maßnahmen, zu denen sich Antiochos IV. durch den Stimmungs-

Die Datierung in I Macc 1 20 scheint sich auf den Sieg in Ägypten zu beziehen, der damit, als profangeschichtliches Ereignis, eindeutig in die Zeit vom 28. September 170 bis zum 15. Oktober 169 v. Chr. festgesetzt wäre. Doch bleibt die Beziehung des Datums auf den Einbruch in Jerusalem und in den Tempel nicht ganz ausgeschlossen, für welches Ereignis, da es die Geschichte des Tempels betrifft, neben der nach der syrisch-makedonischen Herbstära errechneten auch eine Datierung nach der jüdischen Frühlingsära 311, vom 22. April 169 bis zum 10. April 168, offen bliebe.

Zwei Jahre später (μετὰ δύο ἔτη ἡμερῶν I Macc 1 29) setzt mit der Sendung des »Steuereintreibers« — er wird mit dem II Macc 5 24 genannten Mysarchen Apollonios identisch sein — in Jerusalem die Zeit der Drangsal ein, die in der Entweihung des Tempels durch den Greuel der Verwüstung am 15. Kislew (I Macc 1 54, vgl. II Macc 6 2) und mit dem ersten heidnischen Opfer am 25. Kislew[17] (I Macc 1 59) des Jahres 145 S. Ä. gipfelt (I Macc 1 29-64 II Macc 5 22—6 11).

Sind diese beiden Ereignisse, die nur im I Macc.buch mit Datum versehen sind, wie die profangeschichtlichen nach der syrisch-makedonischen Ära datiert, so daß das I Macc 1 54 genannte Jahr 145 S. Ä. in die Zeit vom 5. Oktober 168 bis zum 24. September 167 v. Chr., der 15. Kislew auf den 17. Dezember, der 25. Kislew auf den 27. Dezember des Jahres 168 v. Chr. fiele, oder sind sie als kirchengeschichtliche Ereignisse nach der jüdischen Frühlingsära 311 berechnet, so daß das Jahr 145 S. Ä. die Zeit vom 1. April 167 bis zum 19. April 166 v. Chr. umfaßte und der 15. Kislew mit dem 6. Dezember, der 25. Kislew mit dem 16. Dezember des Jahres 167 v. Chr. zusammenfiele?

Die gleiche Frage gilt für das Ereignis, das den mit der Entweihung des Tempels eingeleiteten Zeitabschnitt — das I Macc.buch setzt ihn auf drei (4 52), das II Macc.buch auf zwei Jahre an (10 3) — abschließt, und das als solches deutlich auf das Anfangsereignis bezogen ist, die Wiederweihe des Tempels, die nach dem I Macc.buch im Jahre 148 S. Ä. (4 52), nach beiden Büchern am 25. Kislew des Jahres (I Macc 4 52 II Macc 10 5) eintrat.

---

wechsel in Ägypten unmittelbar nach der Großjährigkeitserklärung Ptolemaios' VI. genötigt sah (II Macc 4 21-22; Kolbe S. 99f.; vgl. auch, abgesehen von den — heute als unrichtig erwiesenen — Datierungen, Grimm S. 15f.). Dieser erste Vorstoß gegen Ägypten war fraglos in der Quellenvorlage des Epitomators eingehender dargestellt, so daß mit der Bezeichnung ἡ δευτέρα ἔφοδος εἰς Αἴγυπτον darauf Bezug genommen werden konnte. Daß der Epitomator ausgeschiedene Teile seiner Vorlage versehentlich beim Leser voraussetzt, läßt sich mehrfach nachweisen. Vgl. 4 6 und 7 59 Anm. 56. Nieses Versuch, I Macc 1 20 auf den Zug von 169 v. Chr., II Macc 5 1 aber auf den (letzten) von 168 v. Chr. zu beziehen (S. 505f.), ist (mit Kolbe) abzulehnen. Vgl. Anm. 37.

[17] Es besteht kein Grund, mit Kolbe (S. 97 Anm. 3), Tempelentheiligung und erstes Opfer als identisch zu betrachten und dementsprechend das Datum von I Macc 1 54 auf ein Versehen zurückzuführen.

Ist es nach syrisch-makedonischer Rechnung das Herbstjahr, das vom 2. Oktober 165 bis zum 21. September 164 v. Chr. dauert, der 25. Kislew demnach der 24. Dezember 165 v. Chr., oder ist es nach jüdischer Rechnung das Frühlingsjahr vom 28. März 164 bis zum 15. April 163 v. Chr., dessen 25. Kislew auf den 14. Dezember 164 v. Chr. fiele?

Die Ereignisse, die sich um die Zeit dieser drei Jahre abgespielt haben müssen, werden zum Teil nur von einem der beiden Bücher, zum Teil von beiden Büchern aber in zeitlich und inhaltlich beachtenswerter Verschiedenheit berichtet:

1. Teilweise noch in die Zeit vor der Tempelentweihung, obwohl im I Macc.buch nach ihr berichtet (ἐν ταῖς ἡμέραις ἐκείναις I Macc 2 1, vgl. II Macc 5 27), fällt das Erwachen der nationalen Widerstandsbewegung unter den Makkabäern, unter dem nur dem I Macc.buch bekannten Vater Mattathias (Kap. 2), und unter seinem Sohne Judas Makkabäus und seinen Brüdern (I Macc 3 1-9 II Macc 5 27 8 1-7). Als festes Datum ist nur das Todesjahr des Mattathias, das Jahr 146 S. Ä. (I Macc 2 70), überliefert.

Ist es nach syrisch-makedonischer Rechnung das Herbstjahr vom 25. September 167 bis zum 13. Oktober 166 v. Chr. oder nach jüdischer das Frühlingsjahr vom 20. April 166 bis zum 7. April 165 v. Chr.?

2. Unmittelbar anschließend an die Schändung des Tempels durch das erste heidnische Opfer, aber ähnlich unbestimmt in ihrer zeitlichen Ansetzung werden in beiden Büchern die Martyrien berichtet (I Macc 1 60-64 II Macc 6 8-11), die nur im II Macc.buch in Einzelereignissen, im Martyrium des Eleazaros (6 18-31) und der sieben Brüder mit ihrer Mutter (Kap. 7), eingehend geschildert sind.

3. Anschließend an den Bericht über die Martyrien und die Ermannung der Makkabäer setzt in beiden Büchern, im I Macc.buch 3 11ff., im II Macc.buch 8 8ff., die Darstellung der Kämpfe des Judas Makkabäus mit den Befehlshabern Antiochos' IV. ein:

   a) der Kampf mit Apollonios und Seron, den nur das I Macc.buch berichtet (3 10-26),

   b) die Kämpfe mit Ptolemaios, Nikanor und Gorgias, die in beiden Büchern an der nach der Ereignisfolge je entsprechenden Stelle (I Macc 3 38—4 25 II Macc 8 8-36) berichtet sind,

   c) der erste Zug des Lysias mit der Belagerung von Bethsura, der im I Macc.buch hier anschließt (4 26-35), im II Macc.buch, um den Bericht des Friedenschlusses und die ihn besiegelnden Briefdokumente erweitert, zwar erst nach dem Tode Antiochos' IV. und der Tempelweihe, unter Antiochos V., mitgeteilt ist (Kap. 11), durch die Datierung der Briefe aber vielleicht wie im I Macc.buch als Ereignis unter Antiochos IV. charakterisiert ist[18],

   d) der Kampf mit Gorgias und Timotheos, der nur vom II Macc.buch berichtet und in den Anfang der Regierung Antiochos' V. gesetzt wird (10 10-38), dessen zeit-

---

[18] Vgl. S. 71f.

liche Einordnung aber angesichts der zeitlichen Verschiebungen des II Macc.-buches an dieser Stelle vorderhand offen bleiben muß.

An zeitlichen Festsetzungen dieser Kämpfe ist uns im I Macc.buch nur überliefert, daß der Zug Antiochos' IV. nach Persien, der in die Zeit zwischen den Kämpfen mit Apollonios und Seron und mit Ptolemaios, Nikanor und Gorgias gesetzt wird (3 27-37), in das Jahr 147 S. Ä. fiel (3 37) — das ist das Jahr vom 14. Oktober 166 bis zum 1. Oktober 165 v. Chr. —, und daß der erste Zug des Lysias im darauffolgenden Jahre (ἐν τῷ ἐρχομένῳ[19] ἐνιαυτῷ 4 28) — das heißt zwischen dem 2. Oktober 165 und dem 21. September 164 v. Chr. — geschah. Dazu kommen im II Macc.buch die Datierungen der Briefe, die den auf den 1. Lysiaszug folgenden Friedensschluß besiegeln. Der Brief des Lysias an die Juden (11 17-21) ist mit dem 24. »Dioskorinthios« des Jahres 148 S. Ä. datiert (21), der Brief des Königs (Antiochos' IV.) (11 27-33) und der der römischen Gesandten an die Juden (11 34-38), der später sein muß als der Brief des Lysias[20], mit dem 15. Xanthikos desselben Jahres (33 und 38). Da die makedonischen Monatsbezeichnungen dafür sprechen, daß hier mit der syrisch-makedonischen Herbstära gerechnet wird und nicht wie in den erzählenden Teilen des Buches mit der jüdischen Frühlingsära 311, umfaßt dieses Jahr eher die Zeit vom 2. Oktober 165 bis zum 21. September 164 v. Chr. als die Zeit vom 28. März 164 bis zum 15. April 163 v. Chr. Setzt man den makedonischen Monat Xanthikos mit dem entsprechenden babylonisch-jüdischen Monat (Adar) gleich, ergäbe sich als umgerechnetes Datum für den 15. Xanthikos der 11. März des Jahres 164 v. Chr. Der gleiche Tag im darauffolgenden Jahre, der in Frage käme, wenn auch hier im II Macc.buch mit der Frühlingsära 311 gerechnet wird, wäre der 2. März des Jahres 163 v. Chr. Der Monat Dioskorinthios ist unbekannt[21].

4. Die Kämpfe des Judas Makkabäus mit den angrenzenden Völkerschaften werden im I Macc.buch an den ersten Lysiasfeldzug angeschlossen, als dessen unmittelbare Folge 4 36-61 die Wiederweihe des Tempels berichtet war (Kap. 5). Auch das II Macc.buch ordnet diese Geschehnisse nach dem Lysiasfeldzug ein, hält aber damit den Eindruck aufrecht, daß sie in die Zeit Antiochos' V. fallen (Kap. 12), während es die Wiederweihe vor dem Lysiaszug als unmittelbare Folge von Antiochos' IV. Tod berichtet hatte (10 1-9). Eine zeitliche

---

[19] So ist mit den nicht-lukianischen Zeugen zu lesen. εχομενω ist lukianische Angleichung an den üblichen (seit Thukydides nachweisbaren) Sprachgebrauch. Vgl. E. HAENCHEN, Die Apostelgeschichte, 12. Aufl., 1959, S. 355 (zu Act 13 44). Der Sinn bleibt bei beiden Textformen der gleiche.

[20] Vgl. MSU 7 (1961), S. 51 f.

[21] Vgl. Anm. 42.

Ansetzung dieser in sich geschlossenen Erzählung der Kämpfe mit den Nachbarvölkern liegt, abgesehen von ihrer je verschiedenen Einordnung in den Geschichtszusammenhang in keinem der beiden Bücher vor.

5. Der Tod Antiochos' IV. in Persien steht im I Macc.buch erst nach dem Sieg über Lysias, der Tempelweihe und den Kämpfen mit den Nachbarvölkern (6 1-17), während ihn das II Macc.buch im Anschluß an den Sieg über Nikanor und Gorgias als direkte Ursache der Wiederweihe des Tempels berichtet hatte (Kap. 9). Das I Macc.-buch datiert ihn in das Jahr 149 S. Ä. (6 16). Das ist nach syrisch-makedonischer Rechnung die Zeit vom 22. September 164 bis zum 9. Oktober 163 v. Chr. Wir wissen jetzt aus der Seleukidenliste, daß die Todesnachricht in Babylon frühestens am 20. November, spätestens am 18. Dezember 164 v. Chr. bekannt war[22].

Haben sich die zuletzt besprochenen fünf Ereignisse, der Martyrien, der inneren Sammlung der Makkabäer, der Kämpfe des Judas Makkabäus mit dem syrischen Heer, seiner Züge gegen die umliegenden Völker und des Todes Antiochos' IV., bei beiden Büchern in teilweise stark abweichender Ordnung um die festen Punkte der Entweihung und der Wiederweihe des Tempels gruppiert, so gehen beide Bücher im Bericht des ersten Ereignisses, das unmißverständlich in die Regierungszeit Antiochos' V. fällt, auch in ihrer zeitlichen Ansetzung wieder zusammen: Unmittelbar auf die Belagerung der Akra durch Judas Makkabäus, die nur im I Macc.buch berichtet wird (6 18-20), folgt der Zug Antiochos' V. und des Lysias (der zweite Lysias-zug) gegen Jerusalem (I Macc 6 21-63 II Macc 13). Das I Macc.buch datiert die Ursache des Krieges, die Belagerung der Akra, in das Jahr 150 S. Ä. (6 20), das II Macc.buch datiert die unmittelbare Folge, den Einbruch in Judäa, in das Jahr 149 S. Ä. (13 1). Da sich im Laufe der Untersuchung die Annahme als notwendig erwiesen hat, daß das II Macc.buch in den erzählenden Teilen mit der Frühlingsära 311 rechnet[23], ist die Wahl zwischen den vorher erörterten Möglichkeiten[24], auf Grund derer die nach diesen beiden Datierungen erforderte Überschneidung zustande käme, entschieden: das I Macc.buch rechnet auch hier mit der Herbstära 312. Als Zeitraum, innerhalb dessen diese beiden Ereignisse erfolgt sein müssen, ergibt sich das halbe Jahr

---

[22] Von den bei KOLBE S. 51ff. angeführten Zeugnissen, die für die von ihm befürwortete Ansetzung des Todes im Jahre 163 v. Chr. sprechen, schließt nur der unzuverlässige Granius Licinianus das Jahr 164 v. Chr. aus. Auch die Neudatierung des Berichtes in Polybios XXXI 1, 6 nach der neuen Anordnung der Ausgabe von BÜTTNER-WOBST (KOLBE S. 52f.) spricht nicht gegen die Ansetzung am Ende des Jahres 164 v. Chr.

[23] S. 59ff.

[24] S. 58f.

(I Macc 7 43, vgl. 49; II Macc 15 36), der 13. Adar sein muß, der nur nach der jüdischen Frühlingsrechnung in das Jahr 151 S. Ä. fällt: das ist der 27. März des Jahres 160 v. Chr., und nicht wie man nach dem fortlaufenden Bericht des I Macc.buches, der nirgends das Eintreten eines neuen Jahres erwähnt, zunächst meinen könnte, der 13. Adar, der in das syrisch-makedonische Herbstjahr 151 S. Ä. fällt, und der mit dem 9. März 161 v. Chr. zusammenfiele.

Mit dem Tod Nikanors endet das II Macc.buch. Im I Macc.buch schließen hier, auch in zeitlich enger Verbindung — »nach wenigen Tagen der Ruhe« (I Macc 7 50) — nach dem Bericht über die Vereinigung des Judas Makkabäus mit den Römern (Kap. 8) — die Kämpfe der Makkabäer gegen Bakchides und Alkimos an. Im ersten Kampf (9 1-22) fällt Judas Makkabäus (18-22), im Verlauf des zweiten (9 23-73), der unter Führung Jonathans ausgefochten wird und zuletzt zum Friedensschluß führt, findet Alkimos den Tod (54-57). Der Angriff des Bakchides und Alkimos auf Jerusalem fällt nach v. 3 in das Jahr 152 S. Ä.

Wird dieses Ereignis als profangeschichtliches nach der syrisch-makedonischen Ära datiert oder als kirchengeschichtliches, als Angriff des abtrünnigen Hohenpriesters auf die heilige Stadt, vielleicht auch weil das Datum den Bericht einleitet, der mit dem Tode des Judas endet, nach der jüdischen Frühlingsära? Die Formulierung τοῦ μηνὸς τοῦ πρώτου ἔτους τοῦ δευτέρου καὶ πεντηκοστοῦ καὶ ἑκατοστοῦ legt das Letztere nahe. Denn die Monate werden nach dem Frühlingsjahresanfang gezählt. Aber die numerierten Monatsnamen konnten als Monatsbezeichnungen so eingebürgert sein, daß sie auch auf das syrisch-makedonische Herbstjahr bezogen unmißverständlich blieben[27].

Sicher ist, daß mit dem ersten Monat der Nisan gemeint ist. Und das kann, wie man auch die Ära verstehe, nur der Nisan sein, der in den Frühling 160 v. Chr., genauer in die Zeit vom 13. April bis zum 11. Mai des Jahres fällt. Diese Berechnung entspricht genau der Erzählung im I Macc.buch: Zwischen dem Tode Nikanors und dem neuen Ausbruch der Feindseligkeiten liegen kaum drei Wochen. Die »wenigen Tage der Ruhe« in 7 50 (καὶ ἡσύχασεν ἡ γῆ Ἰούδα ἡμέρας ὀλίγας) sind wörtlich zu nehmen. Ob die Verbindung mit den Römern, deren Bericht hier eingefügt ist (Kap. 8), in diese kurze Zwischenzeit

---

[27] Man vergleiche unsere den altrömischen Jahresanfang voraussetzende, zählende Monatsbenennung von September bis Dezember. Numerierung mit Angabe des Monatsnamens begegnet in I Macc 4 52 16 14 II Macc 15 36, ohne Angabe des Monatsnamens abgesehen von der besprochenen Stelle noch in I Macc 9 54 10 21 (näher bestimmt durch Nennung des Laubhüttenfestes) 13 51. Die Genitivkonstruktion (im ... Monat des Jahres ...) begegnet nur hier und 13 51. Es ist aber auch hier zu beachten, daß ἔτους nach einhelliger Überlieferung artikellos bleibt, was darauf schließen läßt, daß auch bei dieser syntaktisch engen Verbindung der Gen. ἔτους nicht als abhängig von τοῦ μηνός, sondern als selbständiger Genitiv der Zeit gedacht ist. Vgl. 6 16.

fällt, muß auch im Sinne des Verfassers offen bleiben. Die Einordnung des Berichtes, der jeder zeitlichen Festsetzung entbehrt, ist hier sachlich bedingt.

Das gleiche gilt für das andere Datum, das in diesem Zusammenhang genannt wird, den Tod des Alkimos, der auf den 2. Monat des Jahres 153 S. Ä. festgesetzt wird (9 54). Mag mit diesem Jahre nach syrisch-makedonischer Rechnung die Zeit vom Herbst 160 bis zum Herbst 159 v. Chr. gemeint sein oder nach jüdischer Rechnung die Zeit vom Frühling 159 bis zum Frühling 158, sicher ist der 2. Monat der Monat Aiar, der 2. Monat des jüdischen Frühlingsjahres, der im Jahre 159 v. Chr. mit der Zeit vom 2. bis zum 30. Mai zusammenfällt. Die relative Zeitangabe, nach welcher zwischen den Tod des Alkimos und den letzten Versuch des Bakchides, Judäa zu unterjochen, eine zweijährige Zeit der Ruhe fällt (καὶ ἡσύχασεν ἡ γῆ ᾽Ιούδα ἔτη δύο 9 57), darf ebenso wörtlich genommen werden wie die Angabe in 7 50. Darnach ist anzunehmen, daß der Friede zwischen Jonathan und Bakchides noch im Verlauf des Jahres 157 v. Chr. geschlossen wurde.

2. Historischer Vergleich

Die Analyse der von beiden Büchern gemeinsam dargestellten Ereignisfolge hat gezeigt, daß der wichtigste Unterschied zwischen beiden Darstellungen in der zeitlichen Anordnung des ersten Lysiaszuges, der Kämpfe mit den Nachbarvölkern und des Todes Antiochos' IV. in ihrem Verhältnis zur Wiederweihung des Tempels besteht. Ist nach dem Geschichtsbild des I Macc.buches der erste Sieg über Lysias (und vielleicht ein nicht berichteter anschließender Friedensschluß, der aus den Dokumenten von II Macc 11 zu ergänzen wäre) die unmittelbare Ursache der Wiederherstellung des Heiligtums und der inneren Erstarkung, kraft derer die siegreichen Züge gegen die angrenzenden Völker durchgeführt werden konnten, während der Tod Antiochos' IV. erst eintrat, nach diesen Geschehnissen und nachdem ihre Kunde zu dem in Persien abwesenden König gedrungen war? Oder ist es nach dem Bild des II Macc.buches der plötzliche Tod des Königs in Persien, der die Juden veranlaßte, unverzüglich das geschändete Heiligtum wiederherzustellen, während der erste Sieg über Lysias und die ihm folgenden Züge in die Nachbarländer erst nach dem Tode des Königs, unter der Regierung seines Sohnes, Antiochos' V., geschahen?

Dieser wesentliche Unterschied in der Darstellung beider Bücher muß zuerst scharf herausgestellt sein. Dann erst kann — und es muß an dieser Stelle geschehen — die historische Kritik einsetzen. Sie muß einerseits versuchen, vom Geschichtsbild her, das sich die beiden Geschichtsschreiber auf Grund ihrer Quellen gemacht haben, zu den Quellen selbst vorzudringen. Sie muß andererseits versuchen, von dem bis jetzt festgestellten System der Zeitrechnung her — das heißt immer noch unter Offenlassen der Frage, ob das I Macc.buch durchgehend mit der syrisch-makedonischen Herbstära 312 rechnet, oder in kirchengeschichtlichen Ereignissen mit der jüdischen Frühlingsära 311, — der zeitlichen Ordnung der Ereignisse näherzukommen. Denn es ist möglich, daß das chronologische Gerüst die richtige Ereignisfolge wiedergibt, die der Verfasser auf Kosten der historischen Interpretation aufgegeben hat.

Die Annahme einer doppelten Ära im gleichen Buch darf zuerst nicht als Kriterium der Quellenscheidung verwendet werden; denn es ist möglich — und sogar wahrscheinlich —, daß die Unterscheidung zwischen profangeschichtlichen und kirchengeschichtlichen Ereignissen, die auch auf die Zeitrechnung angewendet würde, als ein Bestandteil seines Geschichtsbildes, auf den Verfasser selbst zurückgeht[28].

Der Punkt, an welchem die Unstimmigkeit zwischen Geschichtsbild und Geschichte, vorsichtiger ausgedrückt, zwischen Geschichtsbild und der ihm zugrunde liegenden Quelle, erkennbar zu werden scheint, ist die Darstellung des ersten Lysiaszuges mit dem ihm folgenden Friedensschluß im II Macc.buch. Daß er in der letzten Zeit Antiochos' IV. und vor der Wiederweihe des Tempels anzusetzen ist, muß nicht nur nach dem Zeugnis des I Macc.buches, sondern auch nach dem Zeugnis des II Macc.buches, auf Grund der Briefdatierungen (11 21. 33. 38), vermutet werden, und wird auch heute weitgehend angenommen. Daß er aber nach dem Geschichtsbild des Verfassers — des Epitomators oder schon Jasons von Kyrene? — mit Sicherheit der Regierungszeit Antiochos' V., nach der Tempelweihe, zuzuordnen ist, das beweist nicht allein seine Stellung im Ganzen des II Macc.buches, sondern auch der zweite, undatierte — vom Verfasser zu diesem Zweck ersonnene? — Brief (11 23-26), der als einziger die Identität des Königs mit Antiochos V. klarstellt (23).

Daß der Verfasser diese vier Briefe bewußt als Dokumentensammlung an dieser Stelle eingeordnet und es dabei dem Leser überlassen hätte, im ersten, dritten und vierten Brief Antiochos IV. wiederzuerkennen, im zweiten aber Antiochos V., scheint mir ausgeschlossen[29]. Dagegen spricht die enge Verknüpfung mit dem vorangehenden, unmißverständlich der Zeit Antiochos' V. angehörenden Bericht des ersten Lysias-

---

[28] Vgl. Anm. 6 und Anm. 41.

[29] So SCHAUMBERGER (S. 433 Anm. 1): »Schon damals (sc. beim ersten Lysiaszug) hatte Epiphanes dem Lysias die Verwaltung der Westhälfte seines Reiches und zugleich die Leitung seines Sohnes Antiochos, des späteren Königs Eupator, anvertraut. Das dürfte der Grund sein, warum II Macc 11 den Lysiaszug erst im Abschnitt über König Eupator erzählt, die wirkliche Zeit aber durch die eingelegten Briefe kenntlich macht.« Jeder Leser muß doch auf den ersten Blick den Eindruck haben, daß die Ereignisse von Kap. 11 nach dem Tod Antiochos' IV., der Tempelweihe und der Inthronisierung Antiochos' V. geschehen sind, und das war ohne Zweifel auch die Meinung des

zuges. Dagegen spricht alles, was wir vom Stil antiker Geschichtsschreibung wissen. Hat der Verfasser auf Grund seines Geschichtsbildes, nach welchem der erste Lysiaszug schon unter Antiochos V. geschah, die ihm vorliegenden Briefquellen, die richtig in die Zeit Antiochos IV. datiert waren, falsch interpretiert und dabei gar nicht beachtet — oder vielleicht, weil er den Quellen keine Gewalt antun wollte, es in Kauf genommen, — daß sie in die Zeit Antiochos' IV. gehören ? Diese Annahme würde zeigen, daß es im II Macc.buch nicht das Geschichtsbild ist, dem zuerst das Vertrauen geschenkt werden darf, sondern die unter ihm verdeckte zuweilen noch erkennbare Geschichte seiner Quellen, und daß diese Geschichte in die Richtung des Geschichtsbildes und der geschichtlichen Anordnung weist, die im I Macc.buch vorliegt. Ein Befund, der dann noch bedeutsamer würde, wenn man, wofür namhafte Gründe sprechen, mit Echtheit der Briefe rechnet. Hier muß aber noch eine andere Möglichkeit erwogen werden: Es könnte sein, daß der Verfasser diese Briefdatierungen, obwohl sie mit makedonischen Monatsnamen versehen sind, im Sinne seiner Zeitrechnung, nach der jüdischen Frühlingsära 311, verstanden hat. Der 15. Xanthikos 148 S. Ä., nach welchem der dritte und der vierte Brief datiert ist, fiele dann auf Anfang März des Jahres 163 v. Chr., also in eine Zeit, in der nach dem nunmehr eindeutigen Zeugnis der Seleukidenliste Antiochos V. schon etwa vier Monate König war, ein Zeitraum, der auch die Ansetzung des ersten Lysiaszuges unter seiner Herrschaft nicht ausschließen würde. Auch unter Voraussetzung dieser — ferner liegenden — Möglichkeit bliebe der Verdacht groß, daß die Ereignisfolge im II Macc.buch, Tod Antiochos' IV. — 1. Lysiaszug, im Gegensatz zum I Macc.buch, das den Tod auf den Lysiaszug folgen läßt, dem Geschichtsbild des Verfassers entspricht, nicht aber der geschichtlichen Wirklichkeit. Denn entweder müßten dann alle vier Briefe mitsamt ihren merkwürdig konkret anmutenden Datierungen vom Verfasser erfunden, also unecht sein — eine Datierung mit makedonischen Monaten nach der jüdischen Frühlingsära 311 konnte nur im Geiste eines jüdischen Schriftstellers bestehen —, oder sie müßten, als echte Dokumente, vom Verfasser des II Macc.buches bewußt im Sinne seiner Zeitrechnung uminterpretiert worden sein. Beides spräche gegen die geschichtliche Glaubwürdigkeit des Verfassers.

Nur unter der Voraussetzung, daß der Verfasser alle vier Briefe frei erfunden hat — es ist die unglaubhafteste der erwähnten Erklärungsmöglichkeiten — wäre es nach der Überlieferung überhaupt möglich, daß die Ansetzung des ersten Lysiaszuges in den Anfang der Regierung Antiochos' V. geschichtlicher Wirklichkeit entspräche. Demgegenüber steht fest, daß die Ansetzung dieses Ereignisses in der letzten Regierungszeit Antiochos' IV., wie sie im I Macc.buch überliefert ist, mit der wahrscheinlichen Interpretation der drei Briefdatierungen im II Macc.buch gegen die berichtete Ereignisfolge dieses Buches, übereinstimmt. Dieser Befund spricht stärker für die geschichtliche Treue des I Macc.buches und für die Echtheit der drei Briefe als für die Vertrauenswürdigkeit des Geschichtsbildes, das dem II Macc.buch zugrunde liegt.

Verfassers, der nicht grundlos die einzelnen Abschnitte seines Geschichtswerkes nach den Thronwechseln einteilt und mit relativen Zeitangaben kenntlich macht. Vgl. Anm. 14. Von einer Mitregentschaft Antiochos' V. zu Lebzeiten seines Vaters (Anm. 15) weiß das II Macc.buch nichts (10 9-11).

Von hier aus legt sich die Vermutung nahe, daß auch an den anderen Stellen, wo die beiden Bücher in der zeitlichen Anordnung der Ereignisse voneinander abweichen, das I Macc.buch mehr Vertrauen verdiene. Die Sicht, nach welcher der Sieg der Juden im ersten Lysiaszug und der anschließende Friedensschluß die unmittelbare Ursache der Wiederweihe des Tempels und der Ermannung gegen die Nachbarvölker war, deren Kunde Antiochos IV. auf seinem Persienzug vor seinem Tode noch erreichte, verdiente dann den Vorzug gegenüber der Sicht, nach welcher der Tod Antiochos' IV. als die unmittelbare Ursache der Wiederherstellung des Tempels erscheint, während der jüdische Sieg im 1. Lysiaszug und die ihm anschließenden Züge in die angrenzenden Gebiete erst nach dem Tod des Königs geschahen.

Ist Antiochos IV. vor oder nach der Wiederherstellung des Tempels gestorben? Es liegt nahe, zu vermuten, daß ein Geschichtsbild, nach welchem der Tod des Frevlers gegen das Heiligtum als unmittelbare Ursache der Wiederherstellung des Heiligtums erscheint, aus der vereinfachenden, typisierenden Schau der in ihren Einzelheiten nicht mehr bekannten Geschichte zu erklären ist, für welche die antike Geschichtsschreibung, und vornehmlich die israelitische, mehrfache Beispiele bietet[30]. Da es das II Macc.buch ist, das diese Schau vertritt, legt sich diese Vermutung im Licht der vorangehenden Ausführung besonders nahe. Sie wird noch bestärkt durch die Wahrnehmung, daß der geschichtliche Topos »Tod des Frevlers am Heiligtum als Ursache der Rettung des Heiligtums« wie eine Abwandlung jener dem II Macc.-buch eigentümlichen, als Stilform ausgewerteten Schau anmutet, nach welcher die Strafe, die den Frevler trifft, in verborgener Beziehung steht zur Weise des von ihm begangenen Frevels[31].

Dazu kommt eine textkritische Beobachtung. Man hat darauf aufmerksam gemacht, daß der Bericht von der Wiederherstellung des Tempels im II Macc.buch (10 1-8), nicht in seiner Form, aber in seiner Stellung im Ganzen des Buches und in seiner syntaktischen Verbindung mit dem Kontext an seiner jetzigen Stelle ein Fremdkörper ist[32]: Im ganzen Bericht ist nirgends von Antiochos IV. die Rede. Die unmittelbar anschließenden Verse aber lauten: (9) καὶ τὰ μὲν τῆς Ἀντιόχου τοῦ προσαγορευθέντος Ἐπιφανοῦς τελευτῆς οὕτως εἶχεν. (10) νυνὶ δὲ τὰ κατὰ τὸν Εὐπάτορα .... δηλώσομεν..... Diese Aussage schließt sich inhaltlich und formal nahtlos an den Bericht vom Tod des Königs an.

---

[30] Man denke an die vereinfachte Schau von der Eroberung Jerusalems durch Nebukadnezar, wie sie im Buch Daniel überliefert ist.

[31] Vgl. MSU 7 (1961), S. 18 Anm. 4. Dazu Erhellendes bei I. HEINEMANN in ThZ 4 (1948), S. 241 ff. Vgl. E. KLOSTERMANN ZNW 32 (1933), S. 1 ff.; J. JEREMIAS ZNW 45 (1954), S. 119 ff.

[32] R. LAQUEUR, Kritische Untersuchungen zum II Macc.buch, Straßburg 1904, S. 72 ff. 78, J. WELLHAUSEN S. 139 f., ED. MEYER S. 209 Anm. 1. KOLBE S. 94 f.

Der Bericht von der Tempelweihe steht unverbunden dazwischen.
Der unmittelbar anschließende erneute Verweis auf den Tod des
Königs erweckt den Anschein, daß auch dem II Macc.buch die Überlieferung, nach welcher der Tod des Königs auf die Tempelweihe
folgte, nicht unbekannt war. Stand II Macc 10 1-8 ursprünglich —
oder doch in der Vorlage der Epitome — vor Kap. 9?[33]

---

[33] Identifiziert man die Quellenvorlage des II Macc.buches — woran zu zweifeln
kein Grund besteht — mit dem fünfbändigen Werk des Jason von Kyrene
(2 23) und sieht man die ursächliche Verbindung zwischen dem Tod des Königs und der
Wiederherstellung des Tempels in der Epitome im Zusammenhang des dem Geschichtsbild des II Macc.buches zugrunde liegenden Vergeltungsschemas, so wird man zu dem
geistesgeschichtlich bedeutsamen Schluß genötigt, daß das auf dem Vergeltungsschema
gründende Geschichtsbild nicht auf Jason von Kyrene zurückgeht, sondern Eigentum
des Epitomators ist. (Vgl. Anm. 31). Das Schema in der Art wie es vom II Macc.buch
gehandhabt wird, weist eher in die israelitische Tradition zurück als in die hellenistische.
Denn diese Form der »äußeren Analogie« (HEINEMANN), in der sich die Begleitumstände
der Straftat bei ihrer Bestrafung bis in letzte Einzelheiten hinein wiederholen, ist im
hellenistischen Bereich nicht anzutreffen (s. die Beispiele in MSU 7 [1961] 18 Anm. 4.
Dazu kommt noch das von HEINEMANN [S. 246] genannte, auch formal unserem Aus-
gangsbeispiel 3 28 entsprechende Beispiel Nikanors 8 14f., der zur Strafe dafür, daß er
die Judäer als Sklaven verkaufen wollte [8 10], selbst wie ein Sklave aller Ehren ent-
äußert wird und wie ein Sklave — δραπέτης ist terminus technicus für den entlaufenen
Sklaven — fliehen muß). Wohl kennt auch der Hellenismus neben der ihm eigentümlichen Form der inneren Entsprechung, der Synkrisis (HEINEMANN), eine bestimmte
Form äußerer Analogie. Diese geht aber nirgends, so weit ich sehe, über jenen Grad des
Taliongesetzes »Auge um Auge, Zahn um Zahn« hinaus, nach welchem etwa Aigisthos
wie Ahab (I Reg 21 19) oder wie Andronikos (II Macc 4 38) am Orte seiner Untat fällt,
und auf dieser Stufe gehört das Taliongesetz den allgemeinen Grundformen der An-
thropologie an. Man wird also innerhalb der äußeren Analogie streng scheiden müssen
zwischen jener allgemeinen Grundform des Vergeltungsschemas und der differenzier-
teren Form, nach welcher sich die Strafe nicht nur nach dem Ort ihres Vollzugs, sondern
bis in ihr inneres Wesen hinein analog der Straftat darstellt. Und diese letztere Form,
die ihre reichste Ausgestaltung im II Macc.buch und ihre geschichtstheoretische Erklärung in der Sapientia Salomonis erfahren hat, wird man, wie FRANZ ROSENZWEIG
am alten Erzählungsgut Israels aufgezeigt hat (vgl. MSU a. a. O.), und wie es auch
HEINEMANN wahrscheinlich ist, der israelitischen Tradition zuweisen müssen, von
woher sie, über das palästinensische hinaus, auch ins hellenistische Judentum (Philo,
Josephos) und ins Urchristentum (Paulus, Apostelgeschichte; vgl. J. JEREMIAS a. a. O.)
eingedrungen ist. Unsere Vermutung, daß das Vergeltungsschema im II Macc.buch
nicht der historischen Vorlage, dem Geschichtswerk des Jason von Kyrene, angehört,
sondern Eigentum des Epitomators ist, würde sich darum in gewissem Sinne mit der
These I. L. SEELIGMANNS berühren (S. 94), der auf Grund seiner historischen Interpretation der Erzählung von Onias' Ermordung in II Macc 4 30-18 (darüber vgl. im Folgenden S. 87ff.) ebenfalls zum Ertrag kommt, daß das Werk des Jason von Kyrene
durch den Epitomator eine palästinensische Überarbeitung erfahren hat. Es ist merkwürdig, daß sich das Schema der ausgleichenden Vergeltung im heidnisch-hellenistischen Bereich in dem einzigen alten (vorchristlichen) Bericht wiederfindet, der uns von

Man könnte nun von der Erkenntnis aus, daß der Bericht von der Tempelreinigung im II Macc.buch nicht an seinem ursprünglichen Orte steht, weitergehen und sich fragen, ob die Reihenfolge der Berichte, wie sie im I Macc.buch geboten wird, auch im II Macc.buch die ursprüngliche war. Dabei ergäbe sich folgende Anordnung:

II Macc 8 8-36 (Kampf gegen Nikanor u. Gorgias = I Macc 3 38—4 25)
II Macc 11   (1. Lysiaszug und Friedensschluß = I Macc 4 26-35)
II Macc 10 1-8 (Wiederweihe des Tempels   = I Macc 4 36-61)
II Macc 12   (Züge gegen die Nachbarvölker = I Macc 5)
II Macc 9   (Tod Antiochos' IV.   = I Macc 6 1-17)
II Macc 10 9-38 (Erste Kämpfe unter Antiochos V. fehlt in I Macc)
II Macc 13   (2. Lysiaszug unter Antiochos V. = I Macc 6 18-63).

Aber dieser Weg führt nicht weiter. Sicher ist, daß der Epitomator die Geschichte in der uns überlieferten Reihenfolge erzählt hat. Stilistische Gründe, die für eine andere Ereignisfolge seiner Quelle sprechen, lassen sich, abgesehen vom Bericht über die Tempelreinigung, nicht beibringen. Andererseits zeigt auch keiner der Berichte eine so tiefgreifende Verklammerung mit dem Kontext, daß eine

---

den Vorgängen erhalten ist, die die historische Grundlage für den Bericht vom Tode des Onias im II Macc.buch bilden (vgl. S. 87 ff.), und zwar in einer Nähe zu jener nach unserer Ansicht israelitischer Tradition verpflichteten Ausgestaltung des Vergeltungsschemas, wie es anderwärts im heidnisch-hellenistischen Schrifttum m. W. kaum begegnet. Es ist der Bericht Diodors von der Ermordung des Sohnes Seleukos' IV. durch Andronikos während der Regierung Antiochos' IV. (XXX 7, 2): ὅτι Ἀνδρόνικος ὁ τὸν παῖδα Σελεύκου δολοφονήσας καὶ πάλιν αὐτὸς ἀναιρεθείς, εἰς ἀσεβῆ καὶ δεινὴν πρᾶξιν ἑκουσίως ἐπιδοὺς ἑαυτόν, τῷ παθόντι τῆς ὁμοίας τύχης ἐκοινώνησεν. Der Ausdruck, der in unmißverständlicher Weise von einer Gemeinsamkeit im Schicksal des Schuldigen und des Opfers redet, ohne das tertium comparationis selbst zu nennen, erinnert sowohl an die Überlieferung des II Macc.buches, nach welchem Andronikos am Ort seiner Untat hingerichtet wird (4 38), als auch an die des Johannes Antiochenos, deren Glaubwürdigkeit inzwischen durch das Zeugnis der Seleukidenliste gefestigt ist, nach welcher Andronikos, der Vollstrecker des von Antiochos IV. aus Argwohn befohlenen Mordes am Sohne Seleukos' IV., seinerseits ebenfalls dem Argwohn des Königs zum Opfer fällt (FHG IV, S. 558, Nr. 58). Bestehen traditionsgeschichtliche Verbindungen zwischen diesen drei Zeugnissen? Besteht gar literarische Abhängigkeit zwischen der israelitischer Tradition angehörenden Form des Vergeltungsschemas im II Macc.buch und der für den heidnisch-hellenistischen Bereich merkwürdig ähnlichen Form dieses Schemas bei Diodor? Wichtig ist für unseren Zusammenhang allein, daß die gleichen Gründe, die für die Annahme einer dem Hauptquellenwerk des II Macc.-buches, Jason von Kyrene, ursprünglich fremden, die historische Wahrheit verändernden Tradition beim Verfasser der Epitome sprechen, es auch wahrscheinlich machen, daß das historiographische Prinzip des Vergeltungsschemas, das seinem inneren Wesen nach für chronologische Verschiebungen wie geschaffen ist, dem zugrunde liegenden Quellenwerk des Jason von Kyrene ursprünglich abzusprechen ist.

andere Reihenfolge der Berichte in der Quelle ausgeschlossen bliebe[34]. Eine ursprüngliche Gemeinsamkeit zwischen der Ereignisfolge in beiden Büchern, die über die ursprüngliche Stellung der Tempelreinigung vor dem Tod Antiochos' IV. auch in den Quellen des II Macc.-buches hinausgeht, zeigt sich nur noch in der engen ursächlichen Verbindung zwischen dem ersten Sieg über Lysias und den Zügen des Judas gegen die Nachbarvölker in beiden Büchern an (II Macc 11 und 12; I Macc 4 26-35 und 5), eine Gemeinsamkeit, welche durch die auf Grund der Briefdatierungen in II Macc 11 wahrscheinlich gewordene Ansetzung dieser beiden Ereignisse unter Antiochos IV. auch in den Quellen des II Macc.buches vollkommen würde[35].

Wir haben nunmehr drei Argumente, die für den größeren geschichtlichen Wert des I Macc.buches in seinem Verhältnis zum zweiten sprechen: 1) das geschichtliche Argument, daß die Datierung der Briefe im II Macc 11 nach ihrer wahrscheinlicheren Interpretation gegen die Ereignisfolge im II Macc.buche selbst und für diejenige im I Macc.buche spricht, 2) das formgeschichtliche Argument, daß eine dem II Macc.buche eigentümliche Grundform der Geschichtsschreibung, das Schema der der Art des Vergehens entsprechenden Vergeltung, eine vereinfachende ursächliche Beziehung der Ereignisse mit sich bringt, 3) das überlieferungsgeschichtliche Argument, daß eine Nahtstelle im Text des II Macc.buches eine andere Anordnung der Ereignisse offenlegt, die in die Richtung der im I Macc.-buch überlieferten Ereignisfolge weist. Sicherheit läßt sich auf Grund dieser drei Argumente nicht erreichen.

Läßt sich mit dem Mittel der chronologischen Argumentation weiterkommen?

3. Chronologischer Vergleich

Das II Macc.buch überliefert in diesem ganzen Geschichtszusammenhang, in dessen Darstellung es vom I Macc.buch so stark abweicht, abgesehen von den Briefdatierungen in Kap. 11, die wir nicht unbesehen der für die erzählenden Teile nachgewiesenen Rechnung mit der jüdischen Frühlingsära 311 unterwerfen durften, keine einzige absolute, nach der Seleukidenära festgesetzte Datierung. Es überliefert in diesem Zusammenhang lediglich die relative Zeitbestimmung, daß die Wiederherstellung des Tempels auf den Tag genau, am 25.

---

[34] Die Verbindung von Kap. 11 mit Kap. 12 1 kann leicht redaktioneller Natur sein, ebenso die Bezeichnung des Lysias als ἐπίτροπος τοῦ βασιλέως 11 1, die seine Stellung zu Antiochos V. charakterisiert.

[35] Vgl. über diesen Zusammenhang, auf den hier nicht in Einzelheiten eingegangen werden kann, K.-D. Schunck, Die Quellen des I und II Macc.buches, Halle 1954, S. 109 ff.

Kislew, zwei Jahre nach der Tempelentweihung, geschehen sei (10 3-5).
Es ist daher nicht möglich, die Richtigkeit der Ereignisfolge im
II Macc.buch von der in diesem Buche angewendeten Zeitrechnung
her zu überprüfen.

Aber auch diese relative Zeitbestimmung führt zu einer wichtigen Erkenntnis. Sie stimmt mit dem I Macc.buch überein in
der Nennung des 25. Kislew als Tag der Tempelentweihung und
als Tag der Wiederweihe. Sie weicht aber darin von ihm ab, daß sie die
Zwischenzeit, die nach dem I Macc.buch — nach absoluter Datierung —
drei Jahre beträgt (1 54. 59 4 52), auf zwei Jahre festlegt. Harmoni-
sieren lassen sich diese beiden Angaben nicht. Wollte man auch die
Datierungen des I Macc.buches, durch Annahme einer doppelten
Ärenrechnung, auf einen Zeitraum von zwei Jahren zurückführen, so
sähe man sich genötigt, die Tempelentheiligung, bei der doch eine
fremde Macht beteiligt war, und die man deshalb, auch bei Anwendung
der jüdischen Frühlingsära für kirchengeschichtliche Ereignisse, allenfalls noch als »profangeschichtlich« nach der syrisch-makedonischen
Herbstära datieren konnte, zwar nach der jüdischen Frühlingsära 311
zu datieren, die rein innerjüdische, »kirchengeschichtliche« Wiederherstellung des Tempels aber nach der syrisch-makedonischen Herbstära 312. Das ist — ganz abgesehen von der Unwahrscheinlichkeit, daß
zwei geschichtlich dermaßen analoge und als solche im Bericht ge-
kennzeichnete Ereignisse nach zwei verschiedenen Ären datiert
würden — aus geschichtlichen Gründen völlig ausgeschlossen. Auch
die Tatsache, daß Zeitbestimmungen wie die hier in Frage stehende
»μετὰ διετῆ χρόνον« (II Macc 10 3), nicht gepreßt werden dürfen, und
daß sie nach antikem Sprachgebrauch, als Bezeichnung der jeweils
vollen Jahre, auch einen größeren Zeitraum bedeuten können, hilft
hier kaum weiter. Denn es ist höchst unwahrscheinlich, daß ein
Schriftsteller einen Zeitraum, von dem er weiß und sagt, daß er auf
den Tag genau drei Jahre umfaßt, mit der Nennung der darin enthaltenen zwei vollen Jahre umschreibt[36]. Diese zwei Jahre des II Macc.-

---

[36] Zudem ist aus 14 1 erwiesen, daß das II Macc.buch bei relativen Jahresangaben nicht nur die vollen Jahre zählt: die mit drei Jahren angegebene Zeitspanne
zwischen dem Regierungsantritt Antiochos' V. und der Ankunft Demetrios' I. schließt
nach der Frühlingsrechnung des II Macc.buches nur das volle Frühlingsjahr 163/162
in sich. Nach 4 23 (vgl. Anm. 15) wäre eigentlich zu erwarten, daß die Zeitspanne von
14 1, die nur ein volles Jahr in sich schließt, mit zwei Jahren angegeben wäre. Es mag
sein, daß sich die Zahl danach richtete, ob die in der Spanne enthaltenen angebrochenen
zwei Jahre zusammen nur ein oder nahezu zwei Jahre ausmachten, oder daß hier die
Verschiebung der Ereignisse, nach der auch der erste Lysiaszug in die Regierungszeit
Antiochos' V. fällt, die Verlängerung der relativen Zeitangabe verursacht hat, so daß
im II Macc.buch nur die absoluten Datierungen noch die ursprünglichen Zeitverhältnisse widerspiegeln. Zeitbestimmungen solcher Art dürfen ohnehin nicht allzu streng

buches finden nur dann ihre Erklärung, wenn man sie mit der Verschiedenheit der Ereignisfolge in beiden Büchern in Zusammenhang
bringt: Sie setzen die Darstellung voraus, die die geringste Zahl an
Ereignissen im Zeitraum zwischen Tempelentheiligung und Wiederherstellung ansetzt. Sie setzen voraus, daß, wie es im II Macc.buch zu-
trifft, der erste Lysiaszug erst nach der Tempelreinigung geschah, und
daß der Tod Antiochos' IV., entsprechend dem Bericht des I Macc.-
buches, gleicherweise erst nach ihr, oder doch, wie es der Bericht des
II Macc.buches nahe legt, in nächster zeitlicher Nähe zu ihr eintrat.
Das bedeutet aber, daß diese Zeitbestimmung des II Macc.buches im
ganzen auch der Ereignisfolge des II Macc.buches entspricht[37]. Sie

genommen werden. Bekanntlich wird der Zeitraum von etwa zwei Jahren und drei
Monaten, den Paulus in Asien zubrachte (Act 19 8-10), im gleichen Buch in der Erinnerung des Apostels zu drei Jahren (20 31). Worauf es hier ankommt, ist lediglich die
Tatsache, daß eine konsequent exklusive, nur die vollen Jahre berücksichtigende Zähl-
weise, die allein einen Harmonisierungsversuch vielleicht noch rechtfertigen könnte,
im II Macc.buch ausgeschlossen ist.

[37] Das Datum der Tempelentweihung müßte nach dem II Macc.buch demnach
der 4. Januar 165 v. Chr. sein. Nur kommt diesem Datum, da es lediglich aus der dem
Verfasser vorliegenden oder von ihm selbst gestalteten Ereignisfolge errechnet ist,
keinerlei historische Bedeutung zu. Das ist zweifellos auch der Grund, warum im
II Macc.buch, im Unterschied zum ersten, das Datum der Tempelentweihung nicht in
absoluten Zeitangaben, nach Tag, Monat und Seleukidenära, sondern nur relativ in
seinem Verhältnis zum Tag der Tempelreinigung wiedergegeben ist. Was den Verfasser
zu dieser Zeitverkürzung förmlich zwingen mußte, das war die Tatsache, daß nach
seinem Geschichtsbild abgesehen von den Martyrien, die Geschehnisse eines Tages
sind, nur noch der Feldzug des Judas gegen Nikanor und Gorgias in der Zeit zwischen
Tempelentweihung und Wiederherstellung lag. Es ist nicht, wie NIESE meint, eine Verschiebung der diesem Zeitraum vorangehenden Ereignisse, die seine Reduktion auf
zwei Jahre, aus der chronologischen Gesamtkonzeption des Verfassers, als innerlich
notwendig erscheinen ließen, eine Verschiebung der Tempelberaubung in die Zeit nach
dem letzten Ägyptenzug Antiochos' IV. im Jahre 168 v. Chr. und dementsprechend
auch der Tempelentweihung auf ein Jahr später als im I Macc.buch (NIESE S. 505f.
Seine Argumentation ließe sich ja auch bei der von ihm abgelehnten Ansetzung der
Tempelreinigung im Dezember 164 v. Chr. aufrechterhalten). Ganz abgesehen davon,
daß wir auf diese Weise genötigt wären, in beiden Büchern auch anderwärts, wo es
trotz der verschiedenen Art ihrer Behandlung kaum widerleglich ist, daß sie das gleiche
Factum darstellen, verschiedene zugrunde liegende Facten anzunehmen (»NIESE geht
mit dem Kopf durch die Wand und vergißt, daß das Hintertheil auch nach muß«.
WELLHAUSEN an NÖLDEKE [freundliche Mitteilung von Dr. Rud. SMEND]), liegt nirgends ein Indiz dafür vor, daß es jener berühmte letzte Ägyptenzug Antiochos' IV. im
Jahre 168 v. Chr. war, in welchem ihm die Römer in den Weg traten (Polybios XXIX
27, 1-8; Livius XLV 11, 12), nach welchem der König selbst plündernd in Jerusalem
einbrach. Nur Daniel setzt diesen Zug zu der Geschichte Israels in Beziehung, aber mit
der Tempelschändung, nicht mit der Tempelberaubung (11 29-32), und in einer Weise,
die es erkennbar werden läßt, daß nicht der König selbst, sondern seine Beauftragten

kann als relative Zeitbestimmung vom Verfasser selbst errechnet sein und darf deshalb nicht als selbständiges Zeugnis der geschichtlichen Überlieferung gewertet werden. Sie besitzt aber ihren Wert für die zeitliche Ansetzung der Ereignisse nach der Überlieferung des II Macc.-buches selbst[38].

Das I Macc.buch, das den Zeitraum zwischen der Entheiligung des Tempels und seiner Wiederherstellung auf drei Jahre ansetzt — vom 25. Kislew 145 S. Ä. bis zum 25. Kislew 148 S. Ä. (1 59 4 52) — setzt auch im Unterschied zum II Macc.buch den ersten Sieg über Lysias in dieser Zwischenzeit an. Es setzt aber auch — auch das im Unterschied zum II Macc.buch — den Tod Antiochos' IV. nach der Tempelweihe an und trennt ihn von ihr durch den ausführlichen Bericht von den Kämpfen mit den Nachbarvölkern. So entsteht der Eindruck, daß zwischen der Tempelweihe und dem Tod des Königs geraume Zeit vergehen mußte. Der Tod des Königs wird auf das Jahr 149 S. Ä. datiert (6 16). Dieses Jahr ist nach der syrisch-makedonischen Ärenrechnung des I Macc.buches festgelegt als die Zeit vom 22. September 164 bis zum 9. Oktober 163 v. Chr. Für den Zeitraum der drei Jahre zwischen Tempelentweihung und Wiederherstellung steht die absolute Ansetzung noch offen: Ist es nach syrisch-makedonischer Rechnung die Zeit vom 27. Dezember 168 bis zum 24. Dezember 165 v. Chr., oder nach jüdischer Rechnung die Zeit vom 16. Dezember 167

---

diese Tat ausführten (31). Diese geschichtliche Überlieferung, die fraglos der Wahrheit entspricht, lag auch den Macc.büchern vor. Es wäre sonst kaum erklärlich, daß diese Bücher, die deutlich, und im Unterschied zu Daniel, das römische Reich nicht nur als Feind des gemeinsamen Feindes, sondern als Helfer und Befreier sehen, eine Überlieferung, nach der Rom dem König auf dem Zuge in den Weg tritt, der gegen Israel gerichtet ist, oder nach der Israel mitträgt an dem, was Rom gegen den König unternimmt, nicht für die Gestaltung ihres Geschichtsbildes ausgewertet hätten.

[38] In diesem Sinne, und weil es mir wahrscheinlich ist, daß die tieferen Eingriffe in die geschichtliche Überlieferung eher auf ein Mittelglied zwischen seiner ersten Quelle, Jason von Kyrene, und dem Epitomator zurückzuführen sind, als auf den Epitomator selbst — als ein solches Verhalten gegenüber der Überlieferung wird niemand seine historiographischen Grundsätze 2 24-32 verstehen können! — muß gesagt werden, »daß dem Verfasser eine alte Überlieferung vorlag, nach welcher der Zeitraum zwischen der Entweihung des Tempelheiligtums und der Wiederweihe zwei Jahre betrug« (MSU 7 [1961] 60). In diesem Sinne müssen die zwei Jahre als ursprünglicher Text ernst genommen werden, und die dreieinhalb Jahre der lukianischen Rezension und die drei Jahre der Hs. 771 erkannt werden als das, was sie sind: späte Angleichungen an Daniel und an das I Macc.buch. KOLBE wird mit dem Satz: »... ebenso gut ist es denkbar, daß im II Macc.buch ursprünglich nur von einem dreijährigen Intervall die Rede war, und daß lediglich die Worte προσέτι καὶ μῆνας ἕξ nachträglich im Hinblick auf Dan 12 7 eingefügt sind. ... Jedenfalls ist festzustellen, daß das II Macc.buch leicht mit dem ersten und mit Josephos in Einklang gebracht werden kann (S. 100 f.)« der Überlieferungsgeschichte und damit doch auch der Geschichte nicht gerecht.

bis zum 14. Dezember 164 v. Chr. ? Nehmen wir die zweite Möglichkeit an, so bleiben für die Zeit zwischen der Tempelreinigung am
14. Dezember 164 und dem Tod Antiochos' IV. — spätestens am
18. Dezember erfährt man nach der Seleukidenliste — in Babylon! —
schon die Todesnachricht! — kaum zwei Tage übrig. Man kann den
Zeitraum unter der berechtigten Voraussetzung verschiedener Schalt-
rechnung im syrisch-makedonischen und im babylonischen Jahr hypothetisch um einen Monat verlängern. Dennoch entsteht nicht das
Bild, das sich der Geschichtsschreiber des I Macc.buches von diesen
Vorgängen macht: Nach seiner Sicht fallen nicht nur die ausgedehnten
Züge der Juden gegen die Nachbarvölker in die Zeit zwischen die
Tempelreinigung und den Tod Antiochos' IV. (Kap. 5), sondern der
König erfährt auf seinem Persienzuge noch den größten Teil dieser
Vorgänge in Judäa, die Niederlage des Lysias, die Wiederherstellung
des Tempels und das Wachsen des Widerstandes unter Führung der
Makkabäer (6 5-7). Nötigt diese Sicht nicht zum Schluß, daß das
I Macc.buch die Wiederherstellung des Tempels ein Jahr früher, am
24. Dezember 165 v. Chr., ansetzt, und daß demnach das I Macc.buch
durchgehend, auch in kirchengeschichtlichen Ereignissen, mit der
syrisch-makedonischen Herbstära 312 rechnet?

III. LÖSUNG

Hier ist nun der Punkt, an welchem sich die in sich uneinheitliche
geschichtliche und chronologische Überlieferung des I und II Macc.-
buches in ihrem Verhältnis zur endgültigen chronologischen Aussage
der Seleukidenliste nur noch in einer Weise einleuchtend interpre-
tieren läßt, und an welchem die Gemeinsamkeit der beiden Bücher,
nicht in der in ihnen dargestellten Geschichte, aber in der durch den
geschichtlichen Vergleich und die Auswertung der chronologischen
Möglichkeiten gewonnenen gemeinsamen Grundlage ihrer geschichtlichen Darstellung offenbar wird, von der angenommen werden darf,
daß sie der geschichtlichen Wirklichkeit nahe steht: Das II Macc.buch
spiegelt dadurch, daß es den Tod Antiochos' IV. unmittelbar auf die
Wiederherstellung des Tempels folgen läßt, die geschichtliche Tatsache wider, daß beide Ereignisse zeitlich in nächster Nähe zueinander
stehen. Es opfert aber dadurch, daß es den Tod des Königs als unmittelbare Ursache der Tempelreinigung erscheinen läßt, die geschichtliche Wahrheit den Grundsätzen seines Geschichtsbildes auf. Das
I Macc.buch bewahrt dadurch, daß es den Tod des Königs auf die
Wiederherstellung des Tempels folgen läßt, die geschichtliche Wahrheit, es folgt aber in der Einschiebung eines weiten, ereignisreichen
Zeitraums zwischen beide Ereignisse gegen die geschichtliche Wahr-

heit dem eigenen Anordnungsprinzip des ihm quellenmäßig vorliegenden Stoffes[39].

Der ursprüngliche chronologische Sachverhalt, der beiden Geschichtsbildern zugrunde liegt, ist der nach der Datierung des I Macc.-buches in der jüdischen Frühlingsära festgesetzte Tag der Tempelreinigung am 14. Dezember 164 v. Chr. und der nach dem Zeugnis der Seleukidenliste um die gleiche Zeit anzusetzende Tod Antiochos' IV.

Wenn der Tod des Königs spätestens am 18. Dezember in Babel bekannt wurde, muß er — geht man von der zwar bis heute nicht sicher nachgewiesenen Annahme aus, daß der jüdische und der babylonische Kislew auf den Tag genau zusammenfallen — in den drei Tagen zwischen dem 14. und dem 17. Dezember des Jahres 164 v. Chr. eingetreten sein.

Damit ist auch die Frage nach der Ära entschieden, nach welcher im I Macc.buch kirchengeschichtliche Ereignisse datiert sind: Es ist die jüdische Frühlingsära 311. Es bliebe nur noch zu fragen, ob nicht der tiefe Einschnitt zwischen Tempelweihe und Tod des Königs darin begründet ist, daß der Verfasser des I Macc.buches das ihm vorliegende, nach der jüdischen Frühlingsära 311 festgesetzte Datum der Tempelweihe in seinem Sinn als Datum der syrisch-makedonischen Ära verstanden hat, daß nach seiner Interpretation die Tempelweihe am 24. Dezember 165 v. Chr. eintrat und daß er durchgängig — nun allerdings durchgängig die ihm vorliegenden kirchengeschichtlichen Daten falsch interpretierend — in seinem Buch die syrisch-makedonische Herbstära 312 angewendet hat. Entscheiden läßt sich diese Frage nicht mehr. Aber naheliegender ist die Annahme, daß die kirchengeschichtlichen Ereignisse im I Macc.buch auch im Sinne des Verfassers nach der jüdischen Frühlingsära 311 datiert sind. Es ist ja nicht anzunehmen, daß dem Verfasser das Todesdatum des Königs mit der Genauigkeit der Seleukidenliste überliefert war. Für ihn stand wahrscheinlich nur das Jahr 149 S. Ä. als Todesjahr fest. So blieb für ihn der Zeitraum vom 14. Dezember 164 bis 9. Oktober 163, in welchem er die Ereignisse, die nach seiner Sicht zwischen Tempelweihe und

---

[39] Es ist der Mangel an SCHAUMBERGERS tiefgreifender Untersuchung, deren Verdienst es ist, zuerst die große Bedeutung der Seleukidenliste für die Zeitrechnung des I und II Macc.buches offengelegt zu haben, und von deren chronologischen Ergebnissen diese Arbeit ausgeht, daß er die Übereinstimmung beider Bücher im chronologischen Gerüst nun unbesehen auch auf die geschichtliche Darstellung übertragen zu können meint. SCHAUMBERGER scheint — mit dem II Macc.buch — den Tod Antiochos' IV. unmittelbar vor der Tempelreinigung anzusetzen (S. 428 und 434). Er hätte aber dazu bemerken müssen, daß er sich damit bewußt in Gegensatz, wenn nicht zur Chronologie, so doch zur geschichtlichen Darstellung des I Macc.buches stellt. So werden die beiden Geschichtsbilder auf eine Weise harmonisiert, daß der geschichtliche Sachverhalt nur verdunkelt wird. Vgl. Anm. 29.

Tod des Königs lagen, leicht unterbringen konnte. Zudem macht der hier eingeordnete Bericht über die Kriege mit den Nachbarvölkern (Kap. 5) so stark den Eindruck eines nach sachlichem Gesichtspunkt angeordneten Sammelberichtes, daß es nicht abwegig ist, ihn auch im Sinne des Verfassers nicht eng begrenzt ausschließlich für diese Zwischenzeit in Anspruch zu nehmen. Da wir schon an anderer Stelle nur durch eine Hypothese die Möglichkeit durchgängiger Rechnung mit der syrisch-makedonischen Ära im I Macc.buch aufrecht erhalten konnten [40], darf es deshalb jetzt als höchst wahrscheinlich gelten, daß das I Macc.buch mit einer doppelten Seleukidenära rechnet, der syrisch-makedonischen für profangeschichtliche und der jüdischen für kirchengeschichtliche, als gesichert aber — und das ist der Punkt, auf den es vor allem ankommt —, daß in seiner Quelle kirchengeschichtliche Ereignisse nach der jüdischen Frühlingsära datiert waren [41].

Es hat sich nun ein geschichtlich glaubhaftes Bild von den sich überstürzenden Ereignissen gegen Ende des Jahres 164 v. Chr. abgezeichnet, das seinerseits Licht auf die geschichtliche Vertrauenswürdigkeit der beiden Macc.bücher wirft:

Auf den Sieg des Judas Makkabäus über Lysias hatte Antiochos IV., der sich auf einem Zuge in Persien befand, Frieden angeboten und ihn durch Lysias, seinen Statthalter, ins Werk gesetzt [42]. Durch diesen Erfolg war der innere Widerstand in Judäa neu erstarkt. Strafexpeditionen gegen die Nachbarvölker setzten ein. Das geschändete Tempelheiligtum wurde wieder hergestellt. Fast gleichzeitig, so daß die Kunde davon noch nicht zu ihm dringen konnte, ist Antiochos IV. in Persien gestorben. Das I Macc.buch weiß noch, daß sein Tod auf die Tempelweihe folgte und wertet in seiner Darstellung diese Tatsache erzählungstechnisch so aus, daß es den Tod des Königs durch die unmittelbar zuvor noch eintreffende Botschaft von den Vorgängen in Judäa für die Juden entsprechend triumphaler, für die Feinde furchtbarer erscheinen läßt. Das II Macc.buch weiß noch um die große zeitliche Nähe zwischen Tod und Tempelweihe, vielleicht nicht mehr um die ursprüngliche Folge. Es deutet diese zeitliche Nähe im

---

[40] S. 61.

[41] Nur wenn die Annahme falscher Interpretation nach jüdischer Ära datierter Ereignisse im Sinne syrisch-makedonischer Rechnung gesichert wäre, erschiene es mir berechtigt, die Art der Datierung zum Kriterium der Quellenscheidung zu machen Vgl. S. 71.

[42] Wenn wir, was immer noch die befriedigendste Lösung ist (vgl. MSU 7 [1961] 52), unter dem II Macc 11 21 genannten Monat Διοσκορίνθιος einen von Antiochos IV. eingeführten Monat verstehen (vgl. Dan 7 25), der nach seiner Bezeichnung am ehesten als Schaltmonat am Anfang des makedonischen Jahres neben den Monat Dios (vorher oder nachher?) zu stehen käme, kämen wir für den Beginn der Friedensverhandlungen in den Herbst — September oder Oktober — des Jahres 165 v. Chr.

Sinne des seinem Geschichtsbilde zugrunde liegenden Gedankens von
der vergeltenden Gerechtigkeit, in eine ursächliche Beziehung um, die
den geschichtlichen Tatsachen nicht mehr entspricht. Ein vorangegangener Friedensschluß zwischen den Juden und dem König ordnet
sich diesem Geschichtsbild nicht mehr ein. Von daher ist es vielleicht
zu erklären, daß der 1. Lysiaszug mit dem ihm folgenden Frieden im
II Macc.buch in die Zeit Antiochos' V. versetzt wird, eine Erklärung,
die den geschichtlichen Wert des II Macc.buches in seinem Verhältnis
zum ersten scharf charakterisieren würde: Das I Macc.buch nimmt
nirgends auf Kosten der geschichtlichen Wahrheit und zugunsten
seines Geschichtsbildes Verschiebungen vor. Es gestaltet lediglich die
ihm nicht mehr deutlich gegenwärtigen Zeitverhältnisse im Sinne seines
Geschichtsbildes und seiner Erzählungstechnik aus.

Es läßt sich nun aber mit ziemlicher Sicherheit nachweisen, daß
auch das I Macc.buch von einer geschichtlichen Überlieferung her-
kommt, in der die geschichtliche Wirklichkeit nach jener für die israelitische Geschichtsschreibung charakteristischen typisierenden Schau
bereits vereinfacht ist: Der auch dem I Macc.buch eigentümliche und
auch in diesem Buche ausdrücklich als solcher herausgestellte Topos,
nach welchem der Tempel genau an dem Tage wiederhergestellt wurde,
an welchem er drei — bzw. zwei — Jahre zuvor geschändet worden
war (vgl. I Macc 4 54 mit II Macc 10 5), entspricht nicht der geschichtlichen Wirklichkeit. Denn das Gesicht von den 70 Jahrwochen im
Buche Daniel, das diesen Ereignissen am nächsten steht, läßt sich,
befreit man es von seiner zahlensymbolischen Hülle, geschichtlich nur
dann verstehen, wenn man den Zeitraum zwischen Tempelentweihung
und Wiederherstellung drei Jahre übersteigen läßt: Jenes ängstliche
Harren auf die Wiederweihe innerhalb der letzten Hälfte der siebzig-
sten Jahrwoche, der dreieinhalb Jahre, die mit der Entweihung des
Tempels beginnen, zuerst auf 1150 Tage (Dan 8 14), dann auf 1290
Tage (Dan 12 11, vgl. 7 7 25) zuletzt auf 1335 Tage (Dan 12 12), kann
nichts anderes bedeuten, als das Enttäuschtwerden und immer neue
Hoffnungfassen des Sehers, nachdem drei Jahre bereits abgelaufen
waren. Die Tempelweihe und der Tod Antiochos' IV. sind noch nicht
eingetreten. Die Hoffnung auf die baldige Wiederherstellung des
Heiligtums mußte nach dem Friedensschluß bald nach dem 11. März
164 v. Chr.[43] erwachen. Für eine Enttäuschung, deren geschichtliche
Hintergründe uns nicht mehr bekannt sind, und ein neues Hoffnungfassen, zuerst für 140 Tage (Dan 12 11 im Verhältnis zu 8 14), dann
noch einmal für 45 Tage (12 12 im Verhältnis zu 11), bleibt bis zum
14. Dezember genügend Zeit offen. Da der chronologische und geschichtliche Vergleich der Macc.bücher für die Wiederherstellung des

---

[43] S. 66.

6*

Tempels den Dezember 164 v. Chr. als gesichertes Datum ergeben hat,
sind wir nun nach dem Zeugnis Daniels zu dem Schluß genötigt, daß
die Entweihung des Tempels sich etwa im Sommer des Jahres 167
v. Chr. ereignet haben muß[44].

---

[44] So schon KOLBE (S. 103): »So kommen wir . . . für die Aufhebung des jüdischen
Kultes auf den Sommer 167. . . . Nur hinsichtlich der Jahreszeit besteht eine Differenz.«
Abgesehen von der historischen Interpretation der 1150, 1290 und 1335 Tage als Zeit
des Wartens nach der Vollendung von 3 Jahren, bleibt es ein müßiges Unternehmen,
die Einteilung der 70 Jahrwochen chronologisch auszuwerten. Sie tragen zahlensymbolischen Charakter und ihre Einteilung ist auch zahlensymbolisch gehalten, die ersten
7 Jahrwochen als symbolische Bestimmung des Zeitraums zwischen der Zerstörung
Jerusalems und der Rückführung aus Babylon, die folgenden 62 Jahrwochen als symbolische Bestimmung des ungefähren — in Wirklichkeit viel kürzeren — Zeitraums
zwischen dem Wiederaufbau des Tempels und dem Aufhören der legitimen Hohenpriesterschaft, die letzte Jahrwoche als symbolische Bestimmung der Zeit der illegitimen
Hohenpriester bis zur Wiederherstellung des Tempels mit der Schändung des Tempels
durch das erste heidnische Opfer in ihrer Mitte. Diese letzte Jahrwoche, vor allem die
dreieinhalb Jahre ihrer zweiten Hälfte, muß — die erwähnten Tageszählungen beweisen
es — den wirklichen zeitlichen Verhältnissen ziemlich genau entsprochen haben. Und
es ist eine naheliegende Vermutung, daß die tatsächlichen geschichtlichen Grenzpunkte
dieser letzten dreieinhalb Jahre der geschichtliche Anlaß, der »Sitz im Leben«, der
ganzen Jahrwochenrechnung, waren. Wenn wir, was die einleuchtendste Lösung ist,
die 1290 Tage als die symbolische Tageszählung der dreieinhalb Jahre erklären (3mal
12 und einmal 6 Monate zu 30 Tagen, dazu ein Schaltmonat zu 30 Tagen) und die 45
dazukommenden Tage als die endgültige (ex eventu errechnete?) Spanne bis zur Wiederherstellung des Tempels verstehen, dann kämen wir, wenn wir dafür die empirische
Jahresrechnung mit dem Wechsel von Monaten zu 30 und zu 29 Tagen einsetzen, für
die Tempelschändung etwa auf Mitte Juni 167 v. Chr. Darf aus diesem Sachverhalt,
daß im Buche Daniel das Datum der Wiederherstellung des Tempels bekannt zu sein
scheint, der Tod Antiochos' IV. aber noch aussteht, geschlossen werden, daß in jener
kurzen Zwischenzeit zwischen der Tempelreinigung und dem Eintreffen der Nachricht
vom Tode des Königs die letzte Hand an dieses Buch gelegt worden ist? Vom chronologischen Befund her legt sich diese Vermutung nahe. Dagegen muß die Frage offen
bleiben, welches Ereignis die letzte Jahrwoche einleitet. Was bedeutet das umstrittene
יכרת משיח ואין לו Dan 9 26? Ist es die Absetzung des Jason und damit das Ende
der legitimen, zadokidischen Hohenpriesterschaft? Oder die Ermordung des Onias als
des letzten legitim amtierenden Hohenpriesters? Oder die Vertreibung des Onias nach
Ägypten? In chronologischer Hinsicht bleibt die Frage offen: Wir haben nach der
Chronologie der Macc.bücher für die Absetzung Jasons den Frühling 171 v. Chr. als
spätestes Datum wahrscheinlich gemacht (Anm. 14), als Datum, das nach dem II Macc.-
buch für den Tod des Onias in Anspruch genommen wird, den Sommer 170 v. Chr.
(vgl. Anm. 15 und S. 87ff., vgl. Anm. 55). Das Datum, das dem Anfang der Jahrwoche
genau entspräche, das aber für diese symbolische Zahl nicht postuliert werden darf,
wäre der Dezember 171 v. Chr. Auch in interpretatorischer Hinsicht läßt sich nicht
weiter kommen. Der Ausdruck יכרת משיח bedeutet ganz allgemein das Aufhören
des legitimen Hohenpriestertums (vgl. I Reg 9 5 u. ö.; WELLHAUSEN S. 126, Anm. 3,
und SEELIGMANN S. 94) und wird gewöhnlich auch von LXX so verstanden. Dieser

IV. AUSWERTUNG

(Der geschichtliche Wert der beiden Bücher)

Weiter als bis zum Zugeständnis eines in typisierendem Sinne leicht vereinfachten Geschichtsbildes, dessen chronologische Voraussetzungen aber in den Grenzen des streng bewahrten chronologischen Systems bleiben, dürfen wir in der geschichtlichen Wertung des I Macc.buches nicht gehen. Wie nah sein geschichtliches Bild und sein chronologisches System mit der geschichtlichen Wirklichkeit übereinstimmen, das zeigt in erhellender Weise die einzige Stelle in dem vom I Macc.buch allein dargestellten Geschichtszusammenhang von 157 bis 134 v. Chr., in welchem noch einmal ein geschichtlicher und chronologischer Vergleich mit dem II Macc.buch angestellt werden kann, und dessen chronologische Interpretation uns nunmehr auf Grund des festgelegten chronologischen Systems im I Macc.buch ermöglicht ist. E. BICKERMANN[45] hat überzeugend nachgewiesen, daß das Datum des in II Macc 1 7 erwähnten Festbriefes der jerusalemischen Judenschaft an die Brüder in Ägypten nur denkbar ist für die kurze Zeit, in

Befund ist darum bedeutsam, weil er es verbietet, die geschichtliche Tradition des II Macc.buches, nach welcher Onias ermordet wird (vgl. S. 87ff., Anm. 55), ohne weiteres für das Danielbuch in Anspruch zu nehmen und von hier aus auf ihre geschichtliche Glaubwürdigkeit zu schließen. Es ist zu beachten, daß die Daniel- LXX, sowohl die ältere, als die sogenannte Theodotion-Übersetzung, die beide der Entstehung des II Macc.buches zeitlich nicht fern stehen mögen, durch institutionelle Fassung des Begriffes מָשִׁיחַ (χρῖσμα) diese Stelle nicht auf den Tod eines Hohenpriesters hin auslegen. Erst Aquila und Symmachos fassen den Begriff persönlich, und nur Aquila meint unmißverständlich Tötung (ἐξολοθρευθήσεται, Symmachos: ἐκκοπήσεται). Das gleiche gilt von Dan 11 22 וְיִשָּׁבְרוּ (LXX συντριβήσονται). Das Wort bedeutet allgemein, hier im übertragenen Sinn, »zerbrechen« (vgl. den synonymen Gebrauch mit כרת in Am 1 5). Als Subjekt sind neben dem נְגִיד בְּרִית die nach Dan 7 8 u. 24 von Antiochos IV. gefällten drei Könige gemeint, von denen der eine, Demetrios I., ebenfalls nicht getötet, sondern der rechtmäßigen Thronfolge beraubt wird. Daß aber die Grenzpunkte der letzten Jahrwoche trotz ihrer zahlensymbolischen Bedingtheit der geschichtlichen Wirklichkeit näher kommen als die Überlieferung der Macc.bücher, dafür scheint mir ein Beweis vorzuliegen: Nur die Ansetzung des Zwischenraums zwischen Tempelentheiligung und Wiederherstellung auf dreieinhalb Jahre rückt die Tempelentheiligung so nah an jenen letzten Ägyptenzug Antiochos' IV. im Herbst des Jahres 168 v. Chr. heran, daß eine wenn auch nur zeitliche Inbeziehungsetzung dieses Zuges mit der Tempelentheiligung in der ersten Hälfte des Jahres 167 v. Chr. wie sie in Dan 11 29–32 — fraglos unabhängig von der Jahrwochenrechnung — dargeboten wird, überhaupt möglich war. Die Macc.bücher kennen, weil sie vom — späteren — Schema der drei (bzw. zwei) Jahre herkommen, diese Tradition nicht mehr. Sie hätten sie nicht in Vergessenheit geraten lassen, wenn sie ihnen noch bekannt gewesen wäre. Vgl. Anm. 37.

[45] Ein jüdischer Festbrief vom Jahre 124 v. Chr. ZNW 32 (1933) 233—254.

der Simon vor der am 26. März 142 v. Chr. in Kraft tretenden Ära Simons nach der Ermordung seines Bruders Jonathan durch Tryphon wieder zu Demetrius II. übergewechselt war. Das ist die Zeit, die einerseits durch das Briefdatum anvisiert wird, wenn man, wie ja zu erwarten ist, unter der Zeitbestimmung 169 S. Ä. die Frühlingsära 311 versteht[46]. Das ist die Zeit, die nach dem Ausweis der Münzen für diese Vorgänge in Anspruch genommen werden muß[47]. Das ist aber auch die Zeit, die sich aus der geschichtlichen Darstellung und der chronologischen Bestimmung des I Macc.buches mit Notwendigkeit ergibt: Der Feldzug Tryphons, in dessen Verlauf erst Simon zu Demetrios umschwenkte — wahrscheinlich unmittelbar nach der Ermordung seines Bruders (13 23) und noch vor der Entthronisierung und Hinrichtung Antiochos' VI. (13 31) — fand in jenem Winter statt (13 22), der dem Frühling, mit welchem die Ära Simons anhob, voranging.

Weiter als bis zum Zugeständnis eines Geschichtsbildes, nach dessen Grundgedanken die ursächlichen und zeitlichen Beziehungen der Ereignisse zuweilen der geschichtlichen Wirklichkeit entrückt werden, ohne daß aber dabei die Ereignisse an sich zugunsten dieses Geschichtsbildes abgewandelt wären, und ohne daß das ursprüngliche, der geschichtlichen Wirklichkeit noch sehr nahe kommende chronologische Gerüst preisgegeben wäre, hat uns auch die Untersuchung des II Macc.buches nicht geführt. Und auch hier muß die Frage offen-

---

[46] Das ist sowohl dann anzunehmen, wenn man für die Echtheit des Briefes eintritt — ein Festbrief der jerusalemischen Gemeinde kann nur nach der jüdischen Frühlingsära datiert sein — als auch dann, wenn man ihn für eine Fälschung hält, da dann die Datierungsweise der geschichtlichen Partien des II Macc.buches angenommen werden müßte. Aber BICKERMANN ist sicher im Recht, wenn er aus inhaltlichen und formalen Gründen die Echtheit befürwortet. Dagegen scheint mir sein Vorschlag, in Vers 7 mit den Worten ἐν τῇ θλίψει ein Zitat aus dem erwähnten Briefe von 169 S. Ä. beginnen zu lassen, eine Überinterpretation zu sein. In formaler Hinsicht würde dann das verbum finitum fehlen, was auch bei einem Zitat kaum anzunehmen ist. In inhaltlicher Hinsicht vermag ich nicht einzusehen, warum die Bezeichnung einer Zeit der Drangsal nicht auf jene unruhigen Zeiten passen sollte, als man sich nach der Ermordung Jonathans zwei feindlichen Seleukidenherrschern gegenübersah und sicher noch nicht wußte, wie sich Demetrios II. zu einem neuen Bündnisangebot stellen werde. Die Hoffnung, daß mit der Wiederherstellung des Tempels die Zeit der Drangsal zu Ende gegangen wäre, war ja längst enttäuscht. Und bei jedem neuen Höhepunkt der Not (ἐν τῇ ἀκμῇ) erinnerte man sich jenes ersten zur Zeit der Tempelschändung. Das ist die Zeit der Drangsal, die nicht mehr zu Ende ging, seitdem — die Konjunktion ἀφ᾽ οὗ steht nicht grundlos — Jason und die Seinen abgefallen waren.

[47] Die letzten antiochenischen Münzen Antiochos' VI., die nach dem Jahre 170 S. Ä. — also nach dem Herbstjahr 143/42 v. Chr. — datiert sind, machen es wahrscheinlich, daß sein Sturz erst im Verlauf des Jahres, etwa im Frühling 142 vor Chr., erfolgte. Vgl. E. T. NEWELL, Amer. Journal of Numismatics 1917, S. 68 und BICKERMANN S. 240.

bleiben, wie weit die dem I Macc.buch gegenüber stärker fortge-
schrittene Trübung der geschichtlichen Überlieferung dem Epitomator
selbst, wie weit sie seiner Quelle, dem fünfbändigen Werk des Jason
von Kyrene, und wie weit sie vielleicht einem Mittelglied zuzuschreiben
ist[48]. Die Frage, wie weit im II Macc.buch die Ereignisse selbst zugunsten eines bestimmten Geschichtsbildes oder einer bestimmten,
glaubensmäßigen Einstellung umgeprägt erscheinen, bleibt außerhalb
des Gegenstandes unserer Untersuchung, welche die Frage nach der
geschichtlichen Wahrheit nur so weit mit einbeziehen konnte, als sie
für die Frage nach der zeitlichen Bestimmung der Ereignisse von Bedeutung war. Es gibt aber einen Bericht im II Macc.buch, dessen
schon lange umstrittener Wahrheitsgehalt durch eine geschichtliche
und chronologische Mitteilung der neuen Seleukidenliste in ein neues
Licht gerückt worden ist. Seine Erörterung soll als Frage nach der
geschichtlichen Wahrheit als solcher das gewonnene Bild vom Charakter der beiden Bücher abrunden:

Zurückgehend auf WELLHAUSEN hat SEELIGMANN[49] den Bericht
von der Ermordung des rechtmäßigen Hohenpriesters Onias' III. auf
Anstiftung des Menelaos durch den Statthalter Antiochos' IV., Andronikos, auf seine geschichtliche Glaubwürdigkeit hin einer Prüfung
unterzogen: Konnte Menelaos in der Enthüllung seines Tempelraubes
durch Onias in Antiochia eine Gefahr für sich erblicken? Hätte er zur
Ausführung des Meuchelmordes an Onias den Statthalter des Seleukidenreiches gedungen? Ist es denkbar, daß — um mit WELLHAUSEN
zu reden — »der König aus Sympathie für einen unbequemen Juden
dem obersten Beamten seines Reichs ohne Verhör sofort das Todes-
urteil spricht, dem Menelaos dagegen kein Haar krümmt?« Ist es
denkbar — dieses Argument bringt SEELIGMANN neu hinzu —, »daß
ein orthodoxer Hoherpriester, der bei den Seleukiden in Ungnade gefallen ist, bei einem heidnischen Asyl nahe bei Antiochien Zuflucht
gefunden hätte?« Alle diese Schwierigkeiten lösen sich auf, wenn man
diesen Bericht auf jene bis jetzt nur undeutlich überlieferten Vorgänge
um den Sohn Seleukos' IV. bezieht, der nach Diodor von Andronikos

---

[48] Es ist z. B. nicht ausgeschlossen, daß die Überlieferung, nach der die Tempelweihe auf den Tod Antiochos' IV. folgt, die wir auf Grund der chronologischen Angaben den geschichtlichen Quellen des Epitomators absprachen, ihren Ursprung nicht
zuerst in der dem Epitomator eigentümlichen Geschichtskonzeption der vergeltenden
Gerechtigkeit hatte, sondern in der chronologisch neutralen Aussage des der Geschichte
des II Macc.buches vorgeordneten 2. Festbriefes (1 10b—2 18), der die Aufforderung
zur Begehung des Tempelweihfestes mit der Erinnerung an den Tod des Königs verbindet (1 11-17 und 18) und deshalb leicht vom Geschichtsschreiber als Quelle für die
seiner Geschichtskonzeption besser entsprechende Ereignisfolge verwertet werden
konnte.

[49] S. 91ff.

ermordet wurde, worauf dieser selbst hingerichtet wurde, und der nach
Johannes Antiochenos aus Mißtrauen auf Befehl Antiochos' IV.
selbst durch die Hand anderer, die dann auch der Sicherheit wegen
hingerichtet wurden, umgebracht worden ist[50]. Man hat bis jetzt an
der Historizität dieser Aussagen Zweifel gehegt. Die Seleukidenliste
überliefert (verso 12): »Im Jahre 142 S. Ä., im 5. Monat, wurde Antiochos der (Mit)regent, sein Sohn[51], auf Befehl Antiochos' (IV.) umgebracht.« Die Identität dieser Aussage mit der Nachricht Diodors und
Johannes' scheint mir keinem Zweifel zu unterliegen. Die Vorgänge
haben sich im August 170 v. Chr. abgespielt. Es ist die Zeit, die nach
dem Bericht des II Macc.buches für die Ermordung des Onias und die
Hinrichtung des Andronikos errechnet werden müßte: die späteren
Tage des Zeitraumes, der durch den Antritt der Hohenpriesterschaft
des Menelaos Ende 172 oder Anfang 171[52], und durch den zweiten
Ägyptenzug Antiochos' IV. Ende 169 v. Chr.[53] begrenzt ist. Es kann
darum kaum mehr bezweifelt werden, daß dem Bericht des II Macc.-
buches vom Tode des Onias eine Nachricht von jenen Vorgängen um
den Tod des Sohnes Seleukos' IV. zugrunde lag, und daß wir es hier
mit einer jener glaubensmäßig begründeten überlieferungsgeschichtlichen Wandlungen zu tun haben, für die aus allernächster zeitlicher
Nähe mannigfaltige Zeugnisse vorliegen, ist doch seit der Auffindung
des Naboned-Textes von Qumran und der Nabonedinschriften von
Harran auch die Abhängigkeit der Erzählung von Nebukadnezars
Krankheit in Dan 4 von den Überlieferungen vom Aufenthalt Naboneds in Tema zur großen Wahrscheinlichkeit erhoben, und liegt doch
ebenso wahrscheinlich im 2. Festbrief des II Macc.buches selbst eine
Übertragung des Todesberichtes Antiochos' III. auf Antiochos IV.[54]
und im III Macc.buch eine Rückverlegung geschichtlicher Verhältnisse
unter Ptolemaios Physkon in die Zeit Ptolemaios Philopators vor[55].

---

[50] Vgl. Anm. 15 und Anm. 33.

[51] A-šú. Man darf sich nicht daran stoßen, daß der Verwandtschaftsgrad des
Neffen mit diesem Ausdruck bezeichnet wird. Auch Antiochos IV. wird im Verhältnis
zu Seleukos IV. A-šú genannt (verso 10), da sie doch Brüder waren. Das Vater-Sohn-
Verhältnis ist auf Grund der Erbfolge auf das Nachfolgeverhältnis bzw. das unter-
geordnete Mitregentschaftsverhältnis übertragen (freundliche Mitteilung von Herrn
Dr. Dr. H. Donner).

[52] Anm. 14.

[53] Anm. 16.

[54] Grimm S. 41.

[55] Es ist für die überlieferungsgeschichtliche Einordnung des dem II Macc.buch
vorliegenden Überlieferungsgutes und damit für die Bestimmung seines geschichtlichen
Wertes von großer Bedeutung, daß es in der durch den Bericht von der Ermordung des
Onias manifestierten Abwandlung geschichtlicher Überlieferung weit über jene erste,
häufigste Stufe hinausgeht, in welcher eine charakteristische Tat oder ein charakte-
ristisches geschichtliches Verhältnis von einer weniger bekannten Person auf eine be-

Für das II Macc.buch hätten wir damit einen erneuten Beweis für den Wert seines ursprünglichen chronologischen Gerüstes; zugleich

---

kanntere gleichen Charakters übertragen wird — im II Macc.buch wäre in diesem Zusammenhang neben der Übertragung des Todes Antiochos' III. auf Antiochos IV. in 1 11-17 noch die Anwesenheit des Königs bei den Martyrien in Kap. 7 zu nennen, im III Macc.buch neben der Übertragung für die Zeit Ptolemaios Physkons charakteristischer Verhältnisse auf die Zeit Philopators (vgl. MSU 7 [1961] 63 Anm. 1) noch die Einführung des Hohenpriesters Simon als des hohenpriesterlichen Urbildes in diesen Zusammenhang durch die christlichen Textbearbeiter (a. a. O. S. 63f.), für das IV Macc.buch die Ersetzung Heliodors durch Apollonios (vgl. a. a. O. 55f.), für den Bereich der gesamten LXX alle jene Angleichungen an die geschichtlichen Verhältnisse der Zeit der Übersetzer, auf die SEELIGMANN immer wieder den Finger gelegt hat (vor allem in The Septuagint Version of Isaiah S. 70—91) — der Bericht von der Ermordung des Onias trägt diesen Übertragungen gegenüber insofern wesenhaft andere Züge, als das Schicksal eines Heiden auf einen Repräsentanten Israels übertragen wird, als die Charakterzüge der Person streng als die des Israeliten bewahrt bleiben und der zeit- und geistesgeschichtliche Hintergrund streng als der der anvisierten Zeit, die Umstände des Einzelvorgangs aber ebenso streng dem zugrunde liegenden Ereignis entnommen werden: es wird der als Mörder gedungen, der nur als Mörder des Königssohnes, nicht als Mörder des Hohenpriesters denkbar ist, das Verhalten des Königs ist das Verhalten seinem ermordeten Sohn gegenüber, und die Bestrafung des Mörders ist die Bestrafung eines Königsmörders. In dieser Vielgestalt der überlieferungsgeschichtlichen Wandlung kommt ihm der Bericht der Erzählung von Nebukadnezars Krankheit in Dan 3 31—4 34 am nächsten. Seitdem es durch die Auffindung des Nabonedtextes von Höhle 4 (4 Q Or Nab, ed. J.-T. MILIK, RB 63 [1956] 407ff.) erwiesen ist, daß auch in einer spätisraelitischen Vorform der Legende mit dem babylonischen König ursprünglich Naboned und mit seiner durch Krankheit bedingten Ausstoßung ursprünglich sein Aufenthalt in Tema gemeint war, haben wir sowohl in der Naboned-Nebukadnezar-Legende als in der Antiochos-Onias-Erzählung das überlieferungsgeschichtliche Phänomen, daß eine außerisraelitische geschichtliche Situation, in einem Fall die politisch — durch Verfeindung mit der Mardukpriesterschaft wegen seiner Umstellung zur Sin-Verehrung? — bedingte zehnjährige Abwesenheit des Königs von seiner Residenz, im andern Fall die durch Hofintrigen bedingte Verdächtigung und schließliche Beseitigung eines unschuldigen Thronanwärters, als literarische Vorlage eines den Glauben und die Geschichte Israels betreffenden Vorganges dienen müssen, im einen Fall der Bekehrung eines heidnischen Königs zum wahren Glauben, im anderen Fall der Verstoßung des hohenpriesterlichen Repräsentanten des wahren Glaubens durch die Feindschaft des durch die Intrigen der glaubensabtrünnigen Partei angestachelten Oberherrn. Was bei beiden Berichten mit Sicherheit auf Rechnung des jüdischen Schriftstellers geht, ist die Deutung der Geschichte aus dem israelitischen Glauben, im einen Fall als Bestrafung und Begnadigung des Gottlosen, im andern Fall als unschuldiges Leiden des Gläubigen. Offen bleibt die Frage, an welchem überlieferungsgeschichtlichen Ort die übrige Abwandlung der historischen Züge ins Legendäre einsetzte. Gehört die Übertragung der Charakterzüge Naboneds auf Nebukadnezar schon der früheren außerisraelitischen Überlieferung an? Die von Abydenos überlieferte Legende des Megasthenes (Euseb, Praep. IX 41, 1-4) würde dafür sprechen. Hatte schon im spätbabylonischen Bereich der Aufenthalt Naboneds in Tema die Deutung einer durch gottloses Wesen verur-

aber einen Hinweis darauf, daß der Wert seiner geschichtlichen Überlieferung geringer eingeschätzt werden muß, als es auf Grund des
chronologischen Befundes als denkbar erschien. Dabei muß auch hier
die Frage offen bleiben, an welchem überlieferungsgeschichtlichen
Ort diese Trübung der geschichtlichen Quellen einsetzte, ob schon bei
Jason von Kyrene, einer zweiten Quelle oder erst beim Epitomator[56],
und welches der innere Grund dieser Wandlung war[57].

---

sachten Verstoßung, oder gar Geisteskrankheit erfahren? Man wird in der Beant-
wortung dieser Frage vorsichtig bleiben müssen. Die neugefundenen Naboned-In-
schriften (ed. C. J. GADD, Anatolian Studies 8 [1958] 35 ff.) bieten über die vorher
schon bekannten Züge hinaus, die für eine Bejahung sprechen könnten, deren Frag-
würdigkeit aber W. BAUMGARTNER aufgezeigt hatte (ZAW 44 [1926] 38 ff.), lediglich

1. die Ansetzung des Aufenthaltes in Tema auf zehn Jahre (vgl. Dan 4 22; die
Änderung in sieben ist beim israelitischen Schriftsteller naheliegend),

2. die Begründung des Zuges nach Tema in der Gottlosigkeit, zwar nicht des
Königs, aber der Bewohner Babylons,

3. die, zwar nicht geschichtliche, aber literarische Verklammerung (s. E. VOGT,
Biblica 40 [1959] 97) des Berichtes vom Aufenthalt in Tema mit der Erzählung von
dem im Traum ergehenden Befehl zum Wiederaufbau des Tempels in Harran und seiner
Ausführung.

Es scheint hier einfach ein Schema vorzuliegen, das seinen geschichtlichen Ursprung in der Abkehr Naboneds vom Glauben der Väter und seiner Hinwendung zur
Sin-Religion hat, welches dann, je nach dem religionsgeschichtlichen Ort der Überlieferung, je verschieden interpretiert worden ist, in der Tradition dieser religiösen
Neuerung selbst als Befehl zur Umkehr an den König, Zeit der Sammlung und Ausführung; in der Tradition der persischen Eroberer, wie sie sich in der Nabonedchronik
und im Spottlied auf Naboned wiederspiegelt, als Abkehr von der Religion der Väter
und Wiederherstellung durch den von Gott eingesetzten Rächer Kyros; in Israel vielleicht ursprünglich bei Deuterojesaia, wo Kyros als Erwählter Jahwes erscheint, im
Sinn der Kyrostradition, in fernerer Zeit, in der Tradition, die zu Daniel hinführt, in
schwacher Erinnerung an eine überlieferte religiöse Wandlung Naboneds, als Umkehr
Nebukadnezar-Naboneds zum Gotte Israels. Man darf daran erinnern, daß ein anderes
geschichtliches Schema, die Lehre von den vier Weltreichen, wahrscheinlich seinen
ursprünglichen geschichtlichen Ort in allernächster Nähe gehabt hat und einen ähnlichen überlieferungsgeschichtlichen Weg gegangen ist (vgl. M. NOTH, Das Geschichts-
verständnis der alttestamentlichen Apokalyptik 1954, Gesammelte Studien zum Alten
Testament, 1957, S. 248 ff.). An beiden Orten wird man nicht mit literarischer, sondern nur
mit traditionsgeschichtlicher Abhängigkeit rechnen dürfen (vgl. R. MEYER; ThLZ 85
[1960] 831—34; vgl. jetzt ders., Das Gebet des Nabonid, Sitzb. d. sächs. Ak. d. W.,
phil.-hist. Kl. 107, H. 3; Berlin 1962; J. HEMPEL, Die Texte von Qumran in der heutigen
Forschung, Göttingen 1962, S. 294). Der Oniasbericht in II Macc muß auf dem Hintergrund dieses überlieferungsgeschichtlichen und geistesgeschichtlichen Phänomens gesehen und erklärt werden.

[56] Über Vermutungen kommen wir nach dem gegenwärtigen Stand der Überlieferung für diese so unaufgehellte Zeit nicht hinaus. SEELIGMANN schließt scharfsinnig
aus der Nahtstelle zwischen v. 4 6 und 7, wo kaum aufgenommene Erzählungsfäden
liegengelassen werden, ohne je wieder aufgenommen zu werden, daß hier der fehlende

V. ANWENDUNG

(Geschichtlicher Überblick
auf der Grundlage der erarbeiteten Chronologie)

Es bleibt uns nun nur noch die Aufgabe, auf Grund des gewonnenen Bildes von der geschichtlichen Wahrheit und auf Grund des nunmehr festgelegten chronologischen Systems, das beiden Büchern zugrunde liegt, einen zusammenfassenden Überblick über den ganzen Geschichtszusammenhang, der in beiden Büchern dargestellt ist, zu vermitteln. Wir beschränken uns auf das Bild, das sich aus den drei hier zur Diskussion stehenden Geschichtsquellen, dem I und II Macc.-buch und der Seleukidenliste, ergibt [58].

Bericht von der Flucht des Onias nach Ägypten und der Gründung des Tempels in Leontopolis gestanden habe, der später (vom Epitomator?) durch den Bericht von der Ermordung des Onias ersetzt worden sei. Die Vermutung bestärkt sich ihm durch die Beobachtung, daß bei der Schilderung von Jasons Untergang die durch das Vergeltungsschema geprägte Aussage in 5 9 ὁ συχνοὺς τῆς πατρίδος ἀποξενώσας ἐπὶ ξένης ἀπώλετο in der Schilderung von Jasons Taten eines geschichtlichen Analogons ermangele, für das kein treffenderes Beispiel zu finden wäre als die Erzählung von der Vertreibung des Onias nach Ägypten. Von anderen Voraussetzungen her und ohne an der Geschichtlichkeit der Ermordung des Onias (II.) zu zweifeln, war J. JEREMIAS zur These gekommen, daß der Bericht vom Angriff Jasons auf Jerusalem und von seiner Vertreibung (nach Ägypten 5 8!) ursprünglich auf Onias (III.) zu beziehen sei. (Jerusalem zur Zeit Jesu, 2. Aufl., 1958, II B S. 45, Anm. 4; 3. Aufl., S. 209.)

[57] Sind (vgl. SEELIGMANN S. 84) Jason von Kyrene bekannte Lokaltraditionen des Tempels von Leontopolis vom Bearbeiter des II Macc.buches (oder anderen?) unterdrückt worden? Auf Grund jener Leontopolis feindlichen priesterlichen Traditionen, die auch Josephos bewogen haben, seinen Bericht von der Tempelgründung im Bellum Judaicum später in den Antiquitates im Sinn einer deutlichen Abwertung zu revidieren? Bestanden Gegensätze zwischen Alexandria und Leontopolis? Zwischen Leontopolis und Jerusalem? War Leontopolis wenigstens in der ersten Zeit ein Sammelpunkt jerusalemischer Tradition, die von hier aus auch Eingang in Alexandria fand? SEELIGMANN glaubt das am griechischen Text des Buches Jesaja nachweisen zu können (S. 81ff.). Seine Fragestellung wirft neues Licht auf die Erforschung der LXX. Vgl. Anm. 33.

[58] Die Untersuchung ist absichtlich auf die älteste Überlieferung chronologischer Spuren eingeschränkt worden, auf die Seleukidenliste, das I und II Macc.buch und, soweit es chronologisch verwertbar ist, das Buch Daniel. Weitere Daten der Keilinschriften und der Münzen sind nur dann mitgeteilt, wenn durch sie ein unsicherer Sachverhalt entschieden oder eine weite Datierungsmöglichkeit enger eingegrenzt werden konnte. Die Diskussion der Chronologie des Josephos und der christlichen Chronographen müßte von den hier gewonnenen Ergebnissen ausgehen. Auch die Ergebnisse der Arbeiten vor Entdeckung der Seleukidenliste, vor allem NIESES und WELLHAUSENS, ED. MEYERS, KUGLERS und KOLBES bedürften einer schrittweisen Diskussion im Licht des heutigen chronologischen Sachverhaltes — hier wurde nur zu den Unterschieden Stellung genommen, die mit der durch das Zeugnis der Seleukidenliste

Die Geschichte umfaßt den Zeitraum vom Jahre 175 bis zum
Jahre 134 v. Chr. Mit dem Ende des Jahres 164 v. Chr., dem Tode
Antiochos' IV., endet das Zeugnis der Seleukidenquelle, mit dem
27. März 160 v. Chr. das des II Macc.buches. Nach dem Jahre 157
v. Chr., dem Friedensschluß zwischen Jonathan und Bakchides, überliefert auch das I Macc.buch für den Zeitraum von vier Jahren keine
Nachricht. Vielleicht endete hier die quellenmäßige Grundlage für den
von beiden Büchern gemeinsam dargestellten Geschichtsabschnitt.
Vielleicht aber bot diese Zeit der Ruhe (vgl. 10 72-73) dem Geschichtsschreiber keinen Gegenstand, der ihm der Darstellung wert schien.

Mit dem Machtantritt Antiochos' IV. im September 175 v. Chr. —
zwei Monate später setzt er seinen Neffen Antiochos als Mitregenten
ein[59] — gewinnt in Judäa die hellenisierende Bewegung die Oberhand,
zuerst unter dem Hohenpriester Jason, dann, drei Jahre später, in
stärkerem Maße unter Menelaos, unter dessen Herrschaft der rechtmäßige Hohepriester Onias beseitigt wird[60]. Sechs Jahre nach seinem
Machtantritt — ein Jahr, nachdem er seinen Neffen im August 170
hatte umbringen lassen[61] —, gegen Ende des Jahres 169 v. Chr., bricht
der König, von seinem siegreichen zweiten Zug nach Ägypten zurück-
kehrend, mit seinem Heere in Judäa ein und beraubt den Tempel[62].

---

notwendig gewordenen Verschiebung der Chronologie unmittelbar zusammenhängen.
Die Einzeldiskussion wird das Bild vom geschichtlichen Wert der Macc.bücher tiefgreifender verändern. Sie wird im wesentlichen in der höheren Bewertung des I Macc.-
buches gegenüber dem zweiten WELLHAUSEN gegenüber NIESE Recht geben, über
WELLHAUSEN hinaus aber, und weitergehend als ED. MEYER und KOLBE, den geschichtlichen Wert beider Bücher höher einschätzen. Der Begrenzung des Themas entsprechend
wird im abschließenden Überblick über die Geschichte auch nur das auf Grund des
erarbeiteten chronologischen Ertrags gewonnene Bild der Geschichte wiedergegeben
werden, wie es sich den Verfassern der beiden Maccabäerbücher auf Grund ihrer Überlieferung darbot. Die Frage, wie weit über das hier auf Grund der Chronologie Erar-
beitete hinaus ein Zwiespalt zwischen der Geschichte und dem Geschichtsbild der
Macc.bücher besteht und welche Wesenszüge des Geschichtsbildes die innere Ursache
eines solchen Zwiespaltes sein dürften, bedarf von der neuen Grundlage her einer neuen
Erörterung. Sie wird — soviel darf gesagt werden — behutsamer vorgehen müssen, als
es im ganzen bisher geschehen ist. Man wird ein mögliches Motiv, das zur Veränderung
eines auf Grund neuer Quellen gesichteten historischen Tatbestandes führen konnte,
erst dann mit einiger Sicherheit zur inneren Ursache einer solchen Veränderung erklären dürfen, wenn es mit dem Bild, das sich vom Geschichtsschreiber auf Grund seines
Werkes gewinnen läßt, innerlich übereinstimmt.

[59] Seleukidenliste verso 10—11.

[60] I Macc 1 10-15 II Macc 4 7-50. Nur das II Macc.buch nennt die Namen Onias,
Jason und Menelaos.

[61] Seleukidenliste verso 12; Diodor XXX 7, 2; Johannes Antioch. (FHG IV.
S. 558 Nr. 58); cf. II Macc 4 30-38.

[62] I Macc 1 16-28 II Macc 5 1-21.

Die Bedrängnis wächst in den folgenden zwei Jahren[63]. Sie ruft den inneren Widerstand der Makkabäer und die ersten Martyrien hervor. Mit der Sendung des »Steuereintreibers« im Jahre 167 v. Chr., der Schändung des Tempels und dem ersten heidnischen Opfer im Sommer dieses Jahres erreicht sie ihren Höhepunkt[64].

Im darauffolgenden Jahre, nicht vor dem 20. April, starb Mattathias und die Führung des von den Makkabäern ausgehenden Widerstandes geht auf seinen Sohn Judas Makkabäus über[65]. Nun setzen auch die Kämpfe gegen den seleukidischen Oberherrn ein. Noch im gleichen Jahre, 166 v. Chr., siegt Judas über die syrischen Feldherren Apollonios und Seron[66]. Als bald darauf, vielleicht noch Ende 166, Antiochos IV. nach Persien zieht[67], gehen die Kämpfe unter seinem Statthalter Lysias[68] weiter und ziehen sich hin durch das ganze Jahr 165 v. Chr. Die Siege der Juden, zuerst über Ptolemaios, Nikanor und Gorgias[69], dann — gegen Ende dieses Jahres — über Lysias selbst, führen zum Friedensschluß der unter Beteiligung der Römer im März 164 eingeleitet und bald darauf abgeschlossen wird[70].

Die sichere Grundlage eines als Sieger abgeschlossenen Friedens macht die Juden stark zur äußeren und inneren Festigung ihres Staates: Die Feldzüge gegen die Nachbarstaaten setzen ein[71]; am 14. Dezember des Jahres 164 v. Chr. wird das geschändete Tempelheiligtum wieder geweiht[72]. Unmittelbar nach diesem für die innere Geschichte des Judentums entscheidenden Ereignis, so daß die Kunde davon nicht mehr zu ihm dringen konnte, muß Antiochos IV. in Persien gestorben sein. Schon am 18. Dezember vernahm man die Todesnachricht in Babylon[73].

Bald darauf tritt sein Sohn Antiochos V. seine Herrschaft an. Die Kämpfe gehen trotz des Friedens weiter. Wahrscheinlich in die erste Hälfte des Jahres 163 v. Chr. fallen die Siege des Judas Makkabäus in Idumäa, gegen die syrischen Feldherren Gorgias und Timotheos[74]. Die Belagerung der Akra durch Judas im Spätherbst des Jahres[75] führt zur offenen Aufkündigung des Friedens. Menelaos wird als Friedens-

---

[63] I Macc 1 29.
[64] I Macc 1 29-64 II Macc 5 22—6 11.
[65] I Macc 2 I Macc 3 1-9 II Macc 5 27 8 1-7.
[66] I Macc 3 10-26.
[67] I Macc 3 27-37.
[68] I Macc 3 32-33.
[69] I Macc 3 38—4 25 II Macc 8 8-36.
[70] I Macc 4 26-35 II Macc 11.
[71] I Macc 5 II Macc 12.
[72] I Macc 4 36-61 II Macc 10 1-8.
[73] Seleukidenliste verso 14; I Macc 6 1-17 II Macc 9.
[74] II Macc 10 10-38.
[75] I Macc 6 18-20.

mittler hingerichtet[76]. Antiochos V. zieht selbst mit Lysias gegen Jerusalem, aber der jüdische Widerstand und innenpolitische Schwierigkeiten nötigen ihn zur Rückkehr und zu neuen Friedensverhandlungen[77]. Das muß im Frühling 162 v. Chr. geschehen sein. Noch im Herbst des gleichen Jahres — nicht vor Ende September — wird Antiochos V. mit Lysias von dem der römischen Geiselhaft entflohenen Demetrios I., dem Sohn Seleukos' IV., gestürzt und getötet[78]. Der Thronwechsel führt zu innerjüdischen Umwälzungen. Der Zadokide Alkimos erreicht im Frühling des folgenden Jahres 161 v. Chr. — nicht vor Ende März — beim neuen Herrscher die Anerkennung seiner Hohenpriesterschaft und ein gemeinsames Vorgehen gegen die Herrschaft der Makkabäer. Die Kämpfe ziehen sich über ein Jahr hin. Sie endigen im zweimaligen Sieg des Judas über den syrischen Feldherrn Nikanor und in dessen Tod am 27. März des Jahres 160 v. Chr., dem Tag des 13. Adar, der als »Tag des Nikanor« zum jährlichen Festtag erklärt wird[79].

»Nach wenigen Tagen der Ruhe«, kaum drei Wochen später — es ist die Zeit, in der die Makkabäer sich stärker der Hilfe Roms versichern[80] — tritt Bakchides an Stelle Nikanors im Verein mit Alkimos gegen den makkabäischen Widerstand an. Schon im ersten Kampfe — in der Zeit zwischen dem 13. April und dem 11. Mai 160 v. Chr. — fällt Judas Makkabäus[81]. An seine Stelle tritt sein Bruder Jonathan. Er führt die Kämpfe ein Jahr lang weiter und erreicht, begünstigt durch den Tod des Alkimos im Mai 159 v. Chr., dem eine Zeit zweijähriger Ruhe folgte, endlich nach siegreicher Überwindung des letzten Ansturms im Jahre 157 v. Chr. einen ehrenvollen und lange andauernden Frieden[82].

Die Unruhen brechen in Judäa erneut aus mit der Ankunft des Alexander Balas in Ptolemais im Herbst — nicht vor dem 20. September — des Jahres 153 v. Chr. Das Werben der beiden Thronprätendenten um die Gunst der Juden veranlaßt Jonathan zu neuer Kriegsrüstung. Jonathan entscheidet sich für Alexander Balas. Im Jahre 152 v. Chr., zur Zeit des Laubhüttenfestes, das ist vom 23. bis zum 29. Oktober, legt Jonathan das hohepriesterliche Gewand an[83].

---

[76] II Macc 13 3-8.

[77] I Macc 6 18-63 II Macc 13.

[78] I Macc 7 1-4 II Macc 14 1-2; Polybios XXXI 11—15. Letzte nach Antiochos V. datierte Keilinschrift: 17. Tag des 7. Monats 150 S. Ä. = 15. Oktober 162 v. Chr. (KOLBE S. 49).

[79] I Macc 7 5-50 II Macc 14 3—15 39.

[80] I Macc 8.

[81] I Macc 9 1-22.

[82] I Macc 9 23-73.

[83] I Macc 10 1-21.

Als Helfer im Kampf gegen Demetrios I. wird Jonathan nach dessen Niederlage und Tod von Alexander Balas hoch geehrt und zwischen dem 28. September 151 und dem 16. Oktober 150 v. Chr[84] bei der politischen Vereinigung zwischen dem ägyptischen König Ptolemaios VI. und dem Seleukidenkönig — während der Hochzeit Alexanders mit Ptolemaios' Tochter Kleopatra — von beiden Herrschern als Teilherrscher anerkannt[85].

Zwei Jahre später, in den Kämpfen um die rechtmäßige Königsherrschaft zwischen Alexander Balas und dem Sohn Demetrios' I., Demetrios, dessen Ankunft aus Kreta im »Land seiner Väter« in die Zeit zwischen dem 25. September 148 und dem 13. Oktober 147 v. Chr. fällt[86], bekräftigt Jonathan seine Treue zu Alexander, vermag sich aber nach dessen Niederlage und Tod — Alexander wird nach zweijährigem Kampf auf der Flucht nach Arabien, fast zur gleichen Zeit, in der auch Ptolemaios starb, vom Araberkönig Zabdiel enthauptet[87] — bei dem nunmehr einzigen Thronanwärter durchzusetzen, Demetrios II., der seine Herrschaft in der Zeit zwischen dem 3. Oktober 146 und dem 20. September 145 v. Chr. antritt[88].

Die folgenden zwei Jahre sind durch die Machtkämpfe zwischen Demetrios II. und Diodotos Tryphon, dem Vormund von Alexander Balas' unmündigem Sohne Antiochos, erfüllt. Jonathan schwenkt, wegen nicht mehr gewährter Forderungen mit Demetrios verfeindet, zu Tryphon über, wird aber von diesem aus Furcht vor seiner wachsenden Stellung in Judäa — Jonathan hatte wieder Beziehungen zu Rom und Sparta angeknüpft — gefangen genommen und schließlich getötet[89]. Sein Bruder Simon, der nunmehr die Führung des Widerstandes übernimmt, wendet sich noch vor Ermordung Antiochos' VI. durch Tryphon wieder an Demetrios II., der ihn, als unentbehrliche Hilfe gegen Tryphon mit großen Zugeständnissen aufnimmt. Simons Stellung in Judäa festigt sich[90]. Er wird vom Volke offiziell »Hoherpriester, Feldherr und Anführer der Judäer« genannt. Er führt eine neue Jahreszählung ein, die Ära Simons, die mit dem ersten Jahre seiner Regierung beginnt. Es ist das Jahr 170 S. Ä., das Jahr, das vom 26. März 142 bis zum 12. April 141 v. Chr. dauert[91].

Ein Jahr später, im Jahre 171 S. Ä., am 23. Tag des 2. Monats, befreit er die Akra von der seleukidischen Besatzung. Es ist der 3. Juni

[84] I Macc 10 57.
[85] I Macc 10 22-66.
[86] I Macc 10 67.
[87] I Macc 10 67—11 18.
[88] I Macc 11 19.
[89] I Macc 11 20—13 24.
[90] I Macc 13 25—40.
[91] I Macc 13 41—42.

des Jahres 141 v. Chr.[92]. Zwei Jahre später, im Jahre 172 S. Ä., dem 3. Jahre der Ära Simons, am 18. Elul, läßt er auf dem Zion eine Ehreninschrift für seine Taten anbringen. Es ist der 13. September des Jahres 140 v. Chr.[93]. Es muß um die gleiche Zeit geschehen sein, wahrscheinlich etwas früher, zwischen dem 6. Oktober 141 und dem 13. September 140 v. Chr.[94], daß Demetrios II. in Persien in Gefangenschaft des parthischen Königs Arsakes geraten war[95].

Während der Gefangenschaft seines Bruders, in der Zeit vom 15. Oktober 139 bis zum 4. Oktober 138 v. Chr., erscheint Antiochos VII. in Syrien[96], überwindet Tryphon und sendet nach vergeblicher Rückforderung der eroberten Gebiete seinen Feldherrn Kendebaios gegen Judäa. Er wird von Simons beiden Söhnen Judas und Johannes nahe bei Modein geschlagen[97]. Nachdem der äußere Feind überwunden ist, im Monat Shebat des Jahres 177 S. Ä. — es ist die Zeit vom 27. Januar bis zum 25. Februar des Jahres 134 v. Chr.[98] — fällt Simon einem Anschlag seines Schwiegersohnes Ptolemaios, des Befehlshabers in Jericho, zum Opfer. Sein Sohn Johannes tritt sein Erbe an[99].

---

[92] I Macc 13 51.

[93] I Macc 14 27.

[94] I Macc 14 1.

[95] I Macc 13 43—14 49. Vgl. Anm. 8.

[96] I Macc 15 10.

[97] I Macc 15 1—16 10.

[98] I Macc 16 14.

[99] I Macc 15 1—16 24. Josephos (Ant. XIII 234) berichtet, daß die anschließenden kriegerischen Maßnahmen Johannes Hyrkans durch das Sabbatjahr beeinflußt worden seien (ἐνίσταται τὸ ἔτος ἐκεῖνο ...). Damit ist gemeint, daß in der Zeit zwischen dem Tod Simons und der folgenden Frühjahrsernte 134 v. Chr. der Ernteausfall des vom Herbst 136 bis zum Herbst 135 dauernden Sabbatjahres spürbar war.